ラクに楽しく1時間

中学社会
ラクイチ
授業プラン

ラクイチ授業研究会 編

G学事出版

まえがき

　この本は、「ラクに楽しく1時間」をコンセプトにした、これまでにないタイプの授業プラン集です。ラクイチ国語に続いて、シリーズ第2弾になります。

　教師生活をしていくと、明日の授業準備が追いつかない、次の1時間を何とか乗り切らなければならない、といったピンチに陥ることがあります。その原因は様々ですが、急に授業の代行をお願いされた、部活や行事の担当で忙しい、試験実施直後で採点業務と並行している、生徒指導に時間を取られてしまった、などの理由があります。

　本書で紹介している「ラクイチ授業プラン」は、まさにこのような場合にうってつけのものばかりです。準備の手間は少なく、様々な切り口から1時間を実りあるものにできる授業プランを50本集めてあります。様々な環境の社会科の先生にお声がけをし、議論を重ね、その間構想された100近くの授業案から精選したものです。ラクイチ授業プランの条件は以下の3つです。

> 1　1時間で完結する
> 2　準備に時間がかからない
> 3　誰でも実践できる

　この授業プランは、単に急場をしのぐだけではなく、もっと積極的な使い方もできると考えられます。例えば、教科書での学習を終えた後に発展課題・まとめや理解の確認として活用する、研究授業や体験授業会のときに実施する、クラスの学習意欲が下がっているときに気分を変えるために取り入れる、等、様々な場面で応用的に使うことができます。

　さらに、それぞれの授業プランを素材（ソフト）と学習活動（ハード）の組み合わせとして表現してあります。それらの項目を入れ替えていくことで、新たな授業プランを発想することが可能です（発想を手助けするために、巻末にカードを付けてあります）。

　本書の役割は、主に2つに分けることができます。

　1つは、「非常食」としての役割です。普段は職員室に置いておき、いざ時間がない、となればこの本を開いて、使えそうな授業プランを探してみてください。何かヒントが見つかるはずです。また、いくら急場をしのぐプランとはいえ、先生も生徒も笑顔で1時間を過ごし、授業のねらいが達成できるならば、それに越したことはありません。そのような気持ちで著者一同執筆しています。いわば「おいしい非常食」を目指したつもりです。

　もう1つは「レシピ集」としての役割です。本書に載せている授業プランは、あくまで一例。掲載された事例を参考にしながら、さらにアレンジを加えることができます。また、ソフトとハードの組み合わせを変えて、全く新しい料理（授業）を創作することも可能です。ぜひ挑戦してみてください。

　この「ラクイチ」というネーミングは、まさに将来的に多くの先生が「自由に」利用できる、という意味をこめ、安土桃山時代の自由な経済活動を意味する「楽市」にも掛けて名付けた愛称です。いつか「ラクイチ」の愛称とともに、このような授業案が更に増え、多くの先生によって共有され、生徒の笑顔が更に増えていく。名付け親として、そんな日が来ることを待っています。

ラクイチ授業研究会代表　伏木　陽介

本書の使い方

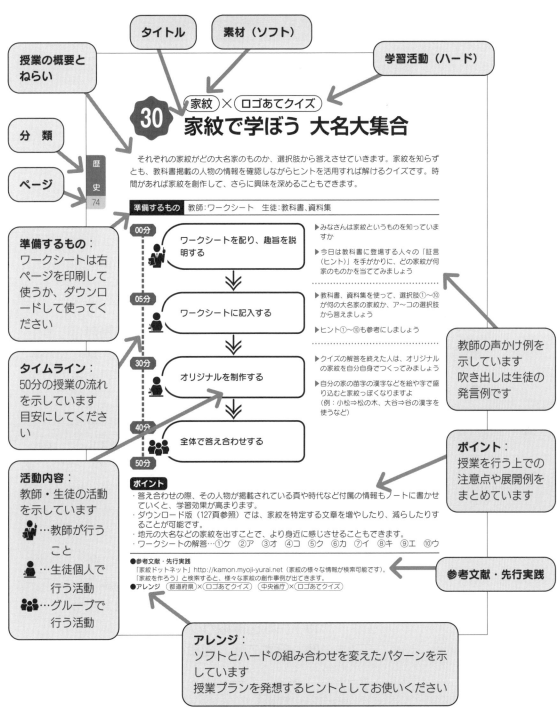

付録のカードの使い方動画はこちら
（YouTubeの「ラクイチ授業研究会」にリンクします）

中学社会 ラクイチ授業プラン
―もくじ―

まえがき　2
本書の使い方　3
付録カードの使い方（動画QRコード）　3　※「QRコード」は株式会社デンソーウェーブの登録商標です。
フィードバックの方法　6

1章 地理　7

1	世界の国名パズル	8
2	わたしがいるのはどこ？	10
3	地図帳を使いこなそう	12
4	世界地図　陸地はどこ？	14
5	海外特派員、リレー中継	18
6	人口が少ない国を言ったら負け	20
7	地名ダジャレをつくろう	24
8	新しい地図記号をデザインしよう	26
9	学校周辺の地図をつくろう！	28
10	○○市ってどこにある？	30
11	都道府県庁所在地宝探しパズル	34
12	都道府県にキャッチコピーをつけよう	36
13	すごろく日本旅行	38
14	地名で山手線ゲーム	40
15	プロ野球で学ぼう	42
16	日本の何でもランキング	44
17	旅行会社でツアーを企画しよう	46
18	地方のイメージで献立を考えよう	48
19	白地図陣取りゲーム	50
20	日本の島　面積ベスト30	52

2章 歴史 55

21	人物紹介POPづくり	56
22	時代の替え歌をつくろう	58
23	この自己紹介は誰でしょうクイズ	60
24	年号暗記法を自分でつくってみよう	62
25	この歴史用語はなんだ？	64
26	プロフィール帳を書いてあげよう	66
27	このできごとは何だ？	68
28	歴史上のできごとを4コマ漫画に	70
29	私の「時代の漢字」	72
30	家紋で学ぼう 大名大集合	74
31	「天下人リレーすごろく」をつくろう	76
32	時代のイメージ画を描こう	80
33	みんなで「幕府の改革」を考えよう	82
34	近代の入試問題にチャレンジ	84
35	戦後で最も熱かった一年	88
36	歴史かるたをつくろう	90
37	歴史ビンゴ	92
38	ブロック分割「中学最重要人物」	94
39	歴史用語デモクラシー	98
40	新幹線で旧国名を「乗り鉄」しよう	100

3章 公民 103

41	儲かる外食チェーンの謎を解こう	104
42	ドリンクバーは何杯飲んだら元が取れる？	106
43	街の広報誌	108
44	国会をはがき新聞に	110
45	私ならこうする！ 選挙マニフェストづくり	112
46	うちの「祭り」は、こんなに面白い！	114
47	衆議院選挙シミュレーション	116
48	多数決は本当に正しいの？	120
49	○○省のお仕事は？	122
50	憲法に登場しない言葉はどれ？	124

ラクイチシリーズ情報コーナー　127
執筆者一覧／ダウンロード版に含まれるコンテンツ一覧　128

フィードバックの方法

授業プランの中で用いているフィードバック（活動のふりかえりや作品の共有）の方法は
以下の要領です。適宜ご参照ください。

●グループ投票〔準備物：なし〕

手　順
- 少人数のグループを組む。4、5人が望ましい。
- グループの代表者を決める。（じゃんけんなどで決めてよい）
- お互いの作品を回し読みする。
- 代表者を中心に話し合い、その中で一番よいものを選ぶ。
- 代表者が、クラス全体に発表する。

●ギャラリーウォーク〔準備物：小さいマグネット（人数分）〕

手　順
- 完成した作品を、マグネットを用いて黒板に貼っていく。
- 生徒は自由に見てまわる。

アレンジ
- マスキングテープなどを利用し、教室の壁や廊下に貼っていく。広めのギャラリーウォークになる。
- 模造紙を用意し、そこに糊付けしていく。授業後に模造紙を掲示する。

●コメントシート〔準備物：小さいコメント用紙〕

手　順
- クラスメイトの作文を読み、良かったところ、改善点などを書く。
- 教師は、生徒に良いところを見つけるように促す。
- 書いた紙を本人に渡す。

アレンジ
- 氏名を書く欄や罫線をつけた小さなコメントシートをあらかじめ作っておき、多めに印刷しておくと、いつでも使える。
- 市販の色付き付箋を利用してもよい。

●さらにアクティブ・ラーニングにする方法〔準備物：PC〕

手　順
- PCで、本書127頁にあるURLにアクセスする。
- 『中学社会ラクイチ授業プラン』のwordデータをダウンロードする。
- ダウンロード版を加工して「自分で作る〇〇ゲーム・〇〇パズル」のようなワークシートにアレンジする。

1章 地理

1 国名 × ワードサーチパズル
世界の国名パズル

世界の国名に関するパズルです。これから授業で登場する世界の国名を学ばせたり、復習させたりすることができます。

| 準備するもの | 教師：ワークシート　生徒：教科書、地図帳 |

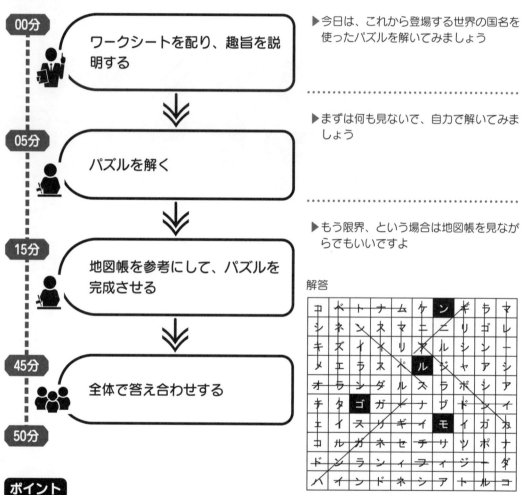

ポイント
・定着が遅い生徒は、州別に行わせると取り組みやすいです。
・見つけた国名は州名とセットにして余白に書かせると、学習の効果が高まります。
・早く終わってしまった場合、パズルを自作させてもいいでしょう。ダウンロード版（127頁参照）に枠のみのひな型もあります。
・ダウンロード版の「教科書に出てくる国名リスト」を活用することも可能です。

●アレンジ　都道府県 × ワードサーチパズル　　歴史上のできごと × ワードサーチパズル

世界の国名パズル

クラス（　　　） 番号（　　　） 氏名（　　　　　　　　　　）

◆世界の国名を見つけて消していきます。

◆残った文字を並び替えてできる国名は何でしょう。

◆キーワードは縦横ナナメ、直線に並んでいます。

コ	ベ	ト	ナ	ム	ケ	ン	ギ	ラ	マ
シ	ネ	ン	ス	マ	ニ	ニ	リ	ゴ	レ
キ	ズ	イ	イ	リ	ア	ル	シ	ン	ー
メ	エ	ラ	ス	ペ	ル	ジ	ャ	ア	シ
オ	ラ	ン	ダ	ル	ス	ラ	ボ	シ	ア
チ	タ	ゴ	ガ	ー	ナ	ブ	ド	ン	イ
ェ	イ	ス	リ	ギ	イ	モ	イ	ガ	カ
コ	ル	ガ	ネ	セ	チ	リ	ツ	ポ	ナ
ド	ン	ラ	ン	ィ	フ	ィ	ジ	ー	ダ
ハ	イ	ン	ド	ネ	シ	ア	ト	ル	コ

2 都市名 × YES、NOクイズ
わたしがいるのはどこ？

　背中に貼られた都市名を記した紙を他人に見せて情報をもらい、自分が今どこにいるのかをあてるゲームです。都市に関する情報が整理・定着しているかを確認するための活動です。

準備するもの 教師：ワークシート、都市名を書いた紙、太めのテープ　生徒：教科書、地図帳、ノート

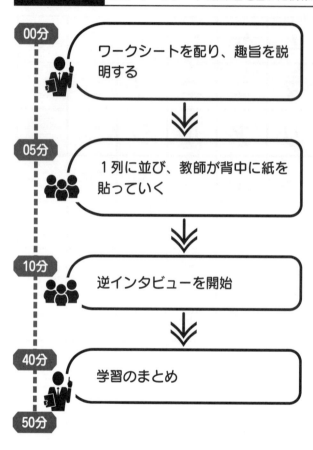

▶これから他の人に自分の背中に貼ってある都市名を逆インタビューしてまわりましょう

▶ただし、一人にできる質問は1つだけです。また、「はい」か「いいえ」で答えるタイプの質問しかできません

▶質問の例はワークシートに書いてあります

　質問の答えがわからないときは？

▶教科書・地図帳・ノートを見て回答してもOKです。それでもわからないときは「わかりません」でもOKです

ポイント
・質問例が浮かばない生徒が多いようであれば、教師がつくって黒板に貼り出しておくとよいでしょう。
・単元のまとめで行うときは、都市名が重なってもかまいません。
・早く終わった生徒も、質問に答える役割を続けます。
・全員が時間内に終わった場合、3人以上で都市名を交換して、2回目を行うこともできます。（2人で交換すると、紙をはがすときに見えてしまう）
・ダウンロード版（127頁参照）の「外国主要都市名カード」を活用することも可能です。

●アレンジ　中央省庁 × YES、NOクイズ　歴史上のできごと × YES、NOクイズ

わたしがいるのはどこ？

クラス（　　　）　番号（　　　）　氏名（　　　　　　　　　　）

場面設定

　あなたは、どこに連れていかれるかわからない「ミステリーツアー」に参加しています。

　あなたの現在地が書かれた紙が、これから背中に貼られます。自分がどこにいるのか、周りの人に逆インタビューして、つきとめましょう。

インタビュー（質問）のルール

　①一人にできる質問は１つだけです。

　②「はい」か「いいえ」で答えるタイプの質問しかできません。

　　（答える人も、「はい」か「いいえ」で返事をしてください）

質問の例

　はじめのうちにするといい質問

　　・わたしは、アジア州の国にいるのですか？

　　・わたしは、寒い国にいるのですか？

　絞り込むときにするといい質問

　　・わたしは、北緯〇〇度のあたりにいるのですか？

　　・わたしは、〇〇（国名）の首都にいるのですか？

　現在地を特定する最後の質問

　　・わたしの現在地は、〇〇（都市名）ですか？

	質問	回答		質問	回答
①		はい・いいえ	⑤		はい・いいえ
②		はい・いいえ	⑥		はい・いいえ
③		はい・いいえ	⑦		はい・いいえ
④		はい・いいえ	⑧		はい・いいえ

3 地図帳 × 早引きゲーム
地図帳を使いこなそう

教師による「43D3N」などの発声から、誰が早く見つけられるかゲーム形式で競争することを通じて、地図帳の検索の仕方を楽しく学びます。

準備するもの 教師：ワークシート、地図帳（生徒と同じもの）　生徒：地図帳

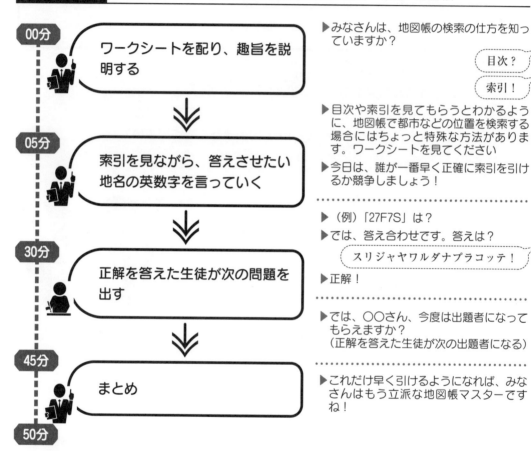

ポイント

- 日本や世界、あるいは地域ごとなど、既習範囲やこれから学習させる予定の範囲を区切って出題することもできます。
- すぐに答えが出てこなかったり、難しかったりする場合には、ヒントを出すこともできます。
  （例）すごく長い名前の首都があるよ→スリジャヤワルダナプラコッテ！
- 生徒が簡単に答えられるようであれば、教師がランダムに地図帳のページをめくり、数字と英数字を言っていくという方法もあります。

●アレンジ　歴史上の人物 × 早引きゲーム　　日本国憲法の条文 × 早引きゲーム

地図帳を使いこなそう

クラス（　　　）　番号（　　　）　氏名（　　　　　　　　　）

【地図帳の検索方法】

	A	B	C	D	E	
1						1
2		▨				2
3						3
4				░		4
	A	B	C	D	E	

上のような地図が３５ページにあったときに、

例１）　３５Ｂ２　…　▨部分にある都市

例２）　３５Ｄ４　…　░部分にある都市

なお、その枠内の中でも上の方にある場合にはNを、下の方にある場合にはSをつけます。

例１）なら　３５Ｂ２N　…　▨部分の上の方にある都市

　　　　　　　３５Ｂ２S　…　▨部分の下の方にある都市

【問題】先生が言う英数字をメモし、「スタート」で調べ始めよう！

	地名の英数字	地名など
問1		
問2		
問3		
問4		
問5		

4 世界地図 × 記憶再現
世界地図 陸地はどこ？

　世界地図の陸地の位置を覚えさせた後、緯線と経線のみが描かれた紙に地図を再現させる活動です。再現は、他班と競うゲーム形式で行わせます。描いた地図と実際の地図を比較させ、自分の思い描く世界地図のゆがみに気づかせることを目標とします。

準備するもの　教師：ワークシート（a、b 2種、班数分）

ポイント
- アフリカは北半球の面積のほうが広い、北米と南米の位置関係は「北―南」というより「北西―南東」、など様々な発見があるはずです。最後の解説では、生徒の誤答をもとに、そういった解説をできると理解が深まります。
- 「南極連発作戦」を封じるため、南緯75度を禁止する手もあります。

●アレンジ　日本地図 × 記憶再現　身近な地域 × 記憶再現

世界地図　陸地はどこ？［板書例］

途中経過の一例（ここでは省略しましたが、実際は緯度経度の数値も示します）

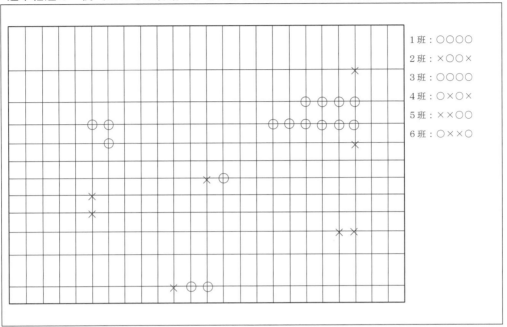

1班：○○○○
2班：×○○×
3班：○○○○
4班：○×○×
5班：××○○
6班：○××○

答

	165	150	135	120	105	90	75	60	45	30	15	0	15	30	45	60	75	90	105	120	135	150	165	180
75						○			○	○						○		○	○			○		
60		○	○	○	○		○						○	※	○	○	○	○	○	○	○	○		
45				○	○	○						○	○	※	○	○	○	○	○					
30					○	○						○	○	○	○	○	○							
15						○					○	○	○	○		○		○						
0						○	○						○	○						○				
15							○	○	○				○	○								○		
30							○							○						○	○	○		
45																								
60																								
75			○	○	○	○						○	○	○	○	○	○	○	○	○	○	○	○	

※の2か所は、北—バルト海のフィンランド湾、南—黒海、でそれぞれ海です。それぞれの海を教えるためアウトにするか、おまけでセーフにするかは教師の裁量次第です。

日本で一般的な、東経150度くらいを中心にした地図でもゲームはできますが、本初子午線を中心にしたほうが経度を理解しやすくできます。

世界地図 陸地はどこ？

クラス（　）　番号（　）　氏名（　　　　　）

ワークシート a

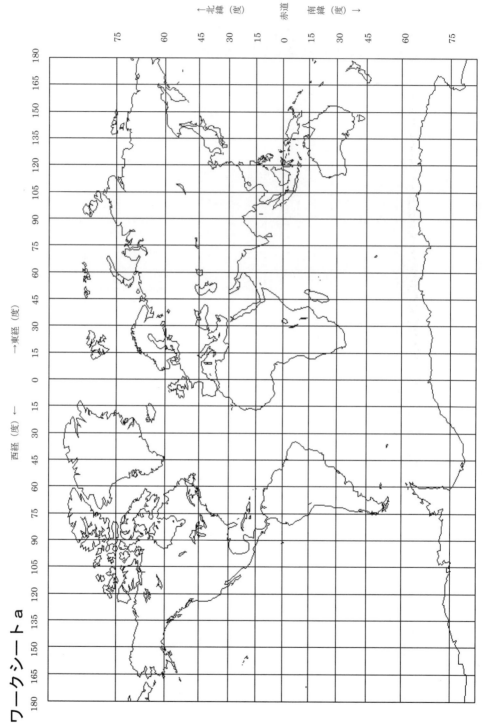

世界地図 陸地はどこ？

クラス（　　）　番号（　　）　氏名（　　　　　　）

ワークシート b

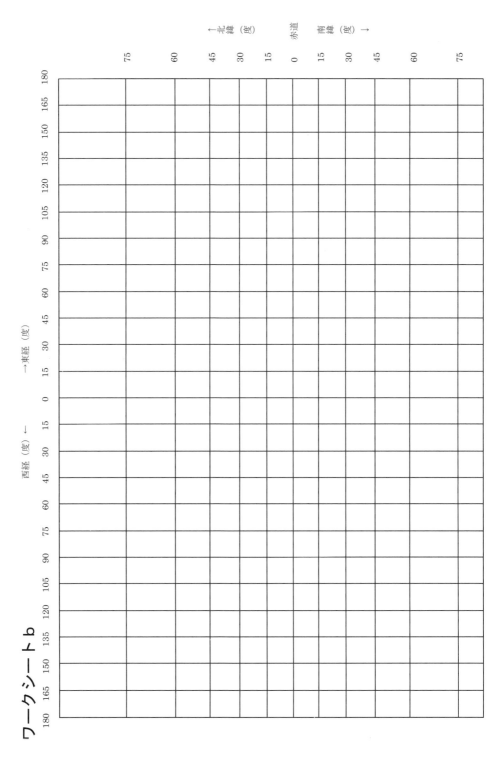

5 海外特派員、リレー中継

時差と気温 × テレビ中継

　海外リポーターになったつもりで、中継先から時刻などを伝えるロールプレイを行います。この活動を通して、時差の求め方を復習することができます。

| 準備するもの | 教師：ワークシート、中継先を記したカード　生徒：地図帳、教科書、資料集 |

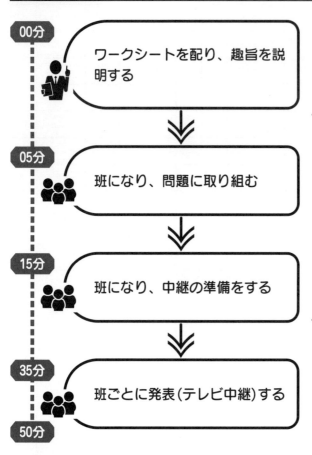

- 00分　ワークシートを配り、趣旨を説明する
- 05分　班になり、問題に取り組む
- 15分　班になり、中継の準備をする
- 35分　班ごとに発表（テレビ中継）する
- 50分

▶テレビのニュース番組で海外中継を見ていて、気づいたことはありますか？
　〔日本と昼と夜が逆！〕
▶今日は、それをまねしてみましょう

▶日本との時差の求め方は覚えていますか？
　〔忘れたー〕
▶では、簡単に復習しましょう。時差は経度と緯度のどちらと関係しますか？
▶経度の差が何度で1時間の時差が生まれるのでしたか？
▶では、中継地のカードを配ります。問1をみんなで調べてください

▶問1ができたら、問2の役割分担を決めて準備をすすめてください
　〔エキストラって何すればいいの？〕
▶現地時間に現地の人がやっていることを演じる役ですよ

ポイント
・中継地は、教科書や地図帳に年間気温グラフが載っている都市を選ぶとよいでしょう。
・アドリブとして、政治や経済の話題、お祭りの様子などを背後でメンバー（エキストラ）に演じさせ、本物の中継に近づけると盛り上がるでしょう。
・日本ではなく他の都市のスタジオから呼びかける設定にすると、難易度があがります。
・図書館と連携して、中継地の関連書籍を用意してもらうと、より学習が深まります。
・ダウンロード版（127頁参照）の「外国主要都市名カード」を活用することも可能です。

●アレンジ　特産物 × テレビ中継　　歴史上のできごと × テレビ中継

海外特派員、リレー中継

クラス（　　　）　番号（　　　　）　氏名（　　　　　　　　　　　　）

1．地図帳などを使って、中継地のいまの時刻を調べましょう。

　①中継地のおおよその経度→（東経・西経）　　　　　　度

　②東京との時差→　　　　　　　　　　　　　　　時間

　③中継地のいまの時刻→　　　　　月　　　日（午前・午後）　　　時

　④中継地の気温→　　　　　　　度くらい

2．グループ内での役割を決めましょう。

リポーター		カンペ係	
タイムキーパー		エキストラ （その他の人）	

　リポーター：リポートする人

　カンペ係：リポート内容を紙に書いてリポーターを助ける人

　タイムキーパー：練習、本番のリポート時間を計る人

　エキストラ：リポーターの後ろで現地の人を演じる人

3．中継の準備

　次のような流れで、1分程度の原稿を準備してください。

日本のテレビ局（＝先生）

「では、中継をつないでみましょう。〇〇さん、今、どちらですか？」
　　↓

リポーター（起立して、マイクを持った感じで）

「はい、わたしは今、△△△（国名）の×××（都市名）にいます。
　現在の時刻は・時・分、気温は・・度、街の様子は・・・」
　　↓

日本のテレビ局

「〇〇さん、ありがとうございます。では次にいきましょう」

---

6 各国の人口 × 脱落ゲーム
人口が少ない国を言ったら負け

各班から1つずつ国を挙げさせ、一周ごとに最も人口の少ない国を挙げた班が脱落するというゲームです。知名度や面積があっても人口が少ない国、あるいはその逆の国を知ることを目的とします。

準備するもの 教師：B4の白紙を班数分、世界の人口統計（資料） 生徒：地図帳

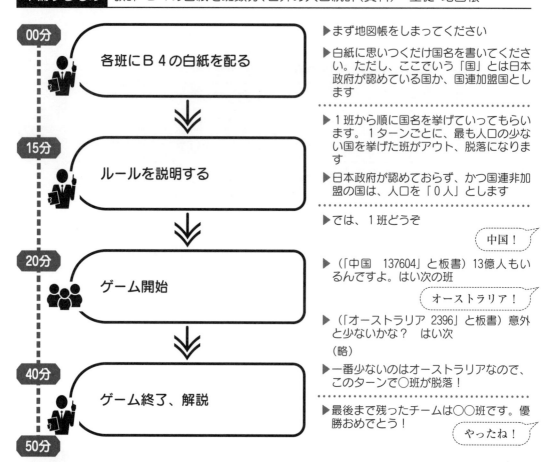

ポイント
・有名な国について、日本政府が承認している国かどうかを意識させることにもつながります。
・ゲーム後、地図帳を開いて振り返りをさせると、それまでとは世界地図が違って見えてくるはずです。（ヨーロッパ諸国の面積の小ささ、途上国の人口爆発など）
・台湾、ハワイ、イングランド、グリーンランドなどの「地域」も解説することで教材の広がりができます。
・クラスのレベルに応じて、ダウンロード版（127頁参照）の「教科書に出てくる国名リスト」を補助として配布してもよいでしょう。

●アレンジ　年号×脱落ゲーム　統計×脱落ゲーム

人口が少ない国を言ったら負け［板書例］

途中経過の一例

1班		中国 137604	ドイツ 8068	イタリア 5979	韓国 5029	イラン 7910
2班	××	オーストラリア 2396	カナダ 3594	モンゴル 295	台湾 0	メキシコ 12701
3班		インド 131105	インドネシア 25756	パキスタン 18892	バチカン 0.1	ナイジェリア 18220
4班	×	アメリカ合衆国 32177	ブラジル 20784	ジャマイカ 279	アルゼンチン 4341	アルジェリア 3966
5班	×	日本 12709	イギリス 6471	フランス 6439	フィンランド 550	ポルトガル 1035
6班	×	ロシア 14345	オランダ 1692	スペイン 4612	トルコ 7866	エジプト 9150

・開始順を一班ずつずらしていくと、公平感を保てます（点線）。
・国名が尽きてきたあたりで、優勝決定戦（例なら1班と3班で）を行うと、より盛り上がるでしょう。

人口が少ない国を言ったら負け ［教師用資料］

世界の人口統計（50音順）

（総務省統計局ウェブサイト http://www.stat.go.jp/data/sekai/0116.htm をもとに作成。2015年の年央推計人口。単位は万人）

国	人口	国	人口	国	人口	国	人口
アイスランド	32.9	ウルグアイ	343.2	キプロス	116.5	ジョージア	400.0
アイルランド	468.8	エクアドル	1614.4	キューバ	1139.0	シリア	1850.2
アゼルバイジャン	975.4	エジプト	9150.8	ギリシャ	1095.5	シンガポール	560.4
アフガニスタン	3252.7	エストニア	131.3	キリバス	11.2	ジンバブエ	1560.3
アメリカ合衆国	32177.4	エチオピア	9939.1	キルギス	594.0	スイス	829.9
アラブ首長国連邦	915.7	エリトリア	522.8	グアテマラ	1634.3	スウェーデン	977.9
アルジェリア	3966.7	エルサルバドル	612.7	クウェート	389.2	スーダン	4023.5
アルゼンチン	4341.7	オーストラリア	2396.9	クック諸島	2.1	スペイン	4612.2
アルバニア	289.7	オーストリア	854.5	グレナダ	10.7	スリナム	54.3
アルメニア	301.8	オマーン	449.1	クロアチア	424.0	スリランカ	2071.5
アンゴラ	2502.2	オランダ	1692.5	ケニア	4605.0	スロバキア	542.6
アンティグア・バーブーダ	9.2	ガーナ	2741.0	コートジボワール	2270.2	スロベニア	206.8
アンドラ	7.0	カーボヴェルデ	52.1	コスタリカ	480.8	スワジランド	128.7
イエメン	2683.2	ガイアナ	76.7	コモロ	78.8	セーシェル	9.6
イギリス	6471.6	カザフスタン	1762.5	コロンビア	4822.9	赤道ギニア	84.5
イスラエル	806.4	カタール	223.5	コンゴ共和国	462.0	セネガル	1512.9
イタリア	5979.8	カナダ	3594.0	コンゴ民主共和国	7726.7	セルビア	885.1
イラク	3642.3	ガボン	172.5	サウジアラビア	3154.0	セントクリストファー・ネービス	5.6
イラン	7910.9	カメルーン	2334.4	サモア独立国	19.3	セントビンセント・グレナディーン諸島	10.9
インド	131105.1	韓国	5029.3	サントメ・プリンシペ	19.0	セントルシア	18.5
インドネシア	25756.4	ガンビア	199.1	ザンビア	1621.2	ソマリア	1078.7
ウガンダ	3903.2	カンボジア	1557.8	サンマリノ	3.2	ソロモン諸島	58.4
ウクライナ	4482.4	北朝鮮	2515.5	シエラレオネ	645.3	ジブチ	88.8
ウズベキスタン	2989.3	ギニア	1260.9	ジブチ	88.8	タイ	6795.9
		ギニアビサウ	184.4	ジャマイカ	279.3		

国名	値	国名	値	国名	値	国名	値
タジキスタン	848.2	ニュージーランド	452.9	ブルネイ	42.3	南スーダン	1234.0
タンザニア	5347.0	ネパール	2851.4	ブルンジ	1117.9	ミャンマー	5389.7
チェコ	1054.3	ノルウェー	521.1	ベトナム	9344.8	メキシコ	12701.7
チャド	1403.7	バーレーン	137.7	ベナン	1088.0	モーリシャス	127.3
中央アフリカ	490.0	ハイチ	1071.1	ベネズエラ	3110.8	モーリタニア	406.8
中国	137604.9	パキスタン	18892.5	ベラルーシ	949.6	モザンビーク	2797.8
チュニジア	1125.4	バチカン	0.1	ベリーズ	35.9	モナコ	3.8
チリ	1794.8	パナマ	392.9	ペルー	3137.7	モルディブ	36.4
ツバル	1.0	バヌアツ	26.5	ベルギー	1129.9	モルドバ	406.9
デンマーク	566.9	バハマ	38.8	ポーランド	3861.2	モロッコ	3437.8
ドイツ	8068.9	パプアニューギニア	761.9	ボスニア・ヘルツェゴビナ	381.0	モンゴル	295.9
トーゴ	730.5	パラオ	2.1	ボツワナ	226.2	モンテネグロ	62.6
ドミニカ	7.3	パラグアイ	663.9	ボリビア	1072.5	ヨルダン	759.5
ドミニカ共和国	1052.8	バルバドス	28.4	ポルトガル	1035.0	ラオス	680.2
トリニダード・トバゴ	136.0	ハンガリー	985.5	ホンジュラス	807.5	ラトビア	197.1
トルクメニスタン	537.4	バングラデシュ	16099.6	マーシャル諸島	5.3	リトアニア	287.8
トルコ	7866.6	東ティモール	118.5	マケドニア	207.8	リビア	627.8
トンガ	10.6	フィジー	89.2	マダガスカル	2423.5	リヒテンシュタイン	3.8
ナイジェリア	18220.2	フィリピン	10069.9	マラウイ	1721.5	リベリア	450.3
ナウル	1.0	フィンランド	550.3	マリ	1760.0	ルーマニア	1951.1
ナミビア	245.9	ブータン	77.5	マルタ	41.9	ルクセンブルク	56.7
ニウエ	0.2	ブラジル	20784.8	マレーシア	3033.1	ルワンダ	1161.0
ニカラグア	608.2	フランス	6439.5	ミクロネシア	10.4	レソト	213.5
ニジェール	1989.9	ブルガリア	715.0	南アフリカ	5449.0	レバノン	585.1
日本	12709.5	ブルキナファソ	1810.6			ロシア	14345.7

7 地名 × ダジャレ
地名ダジャレをつくろう

地名でダジャレをつくらせる活動です。考えながら、何度もその地名を頭に思い浮かべることで、定着をはかることもできます。

準備するもの 教師:ワークシート、太字のサインペン、紙を貼り出すマグネット　生徒:教科書

00分 ワークシートを配り、趣旨を説明する
- ▶今日はこれまで教科書に出てきた地名をつかってダジャレを考えてもらいます
- ダジャレって何〜？
- ▶「アルミ缶の上にあるミカン」のように、同じ言葉を2回使った言葉遊びです。例題のように、国名と都市名の組み合わせもできるといいですね

05分 2人組になり、制作を開始する
- ▶ペアになって、できたダジャレを紙に書いていってください。頭をとにかくやわらかーくね

机間巡視をしながらワークシートを回収する
- ▶つくった作品は前に貼り出すので、大きくはっきり書いてね
- ▶では、そろそろ回収します

35分 ペアで前に出て、作品を発表する
- ▶では、できた作品を読み上げてもらいます。聞いている人の約束は一つ、とにかく爆笑してあげましょう！

その生徒の作品を貼り出す

50分

ポイント
・年代語呂合わせのように、多少のこじつけも許容しながら、楽しむことを優先させて作業をさせるとよいでしょう。
・2つ以上の地名を使ったり、かけ合いしたりするような作品は難度が高いです。
・困っているペアにはダウンロード版（127頁参照）の「教科書に出てくる国名リスト」「外国主要都市名カード」を配布してもよいでしょう。

●アレンジ 旧国名 × ダジャレ　歴史用語 × ダジャレ

地名ダジャレをつくろう

クラス（　　）番号（　　）氏名（　　　　　　　）

例題
- 「タイでは晩、告白（バンコク）るひとが多いんだって！」
- 「インドネシアに着いたねー。なにしよう？」
  「じゃ、カルタ（ジャカルタ）する？」
- 「ベトナムではどんなお仕事をされているのですか？」
  「私、歯の医（ハノイ）者なんです。」

さあ、つくってみましょう！

8 地形・地図 × デザイン
新しい地図記号をデザインしよう

新しい地図記号をデザインし、提案させます。
　現在の地図記号がどのようにしてつくられたのか、どんな要素が必要なのかを考えさせます。具体的なもの（地図記号で表すもの）から抽象化して地図記号となる経緯を考えます。

準備するもの　教師：ワークシート、地図記号一覧（教科書・地図帳）　生徒：教科書、地図帳

時間	活動	教師の発問・生徒の反応
00分	黒板に記号を書いて質問する	▶この地図記号「〒」を知っていますか？ 　　郵便局！ ▶地図記号は、見ただけで何を示しているかわかるようになっています。今日はみなさんに新しい地図記号をつくってもらいたいと思います
10分	ワークシートを配る	▶今ある地図記号を学習してみましょう。ワークシートにある地図記号は何でしょうか
	ワークシートの練習問題を解く	
25分	制作を開始する	▶では、新しい地図記号をつくってみてください。デザインはみなさんが自由に考えてください （例）コンビニエンスストア／塾／空港／銀行／幼稚園／イスラム教会（モスク）等 ▶すでにある地図記号に、新しく提案してもいいですよ
40分	ギャラリーウォーク（6頁参照）で共有する	▶地図記号の特徴は何ですか？ 　　「〇〇」というところです
50分		

ポイント
・練習問題を解くときに、どの部分のデザインから地図記号ができたかを考えさせると、地図記号の作成がやりやすくなります。
・早く終わった生徒に対しては、複数取り組ませるか、周囲の困っている生徒にヒントを出したり手伝わせたりするとよいでしょう。

●アレンジ　家紋 × デザイン　　中央省庁 × デザイン

新しい地図記号をデザインしよう

クラス（　　　）　番号（　　　）　氏名（　　　　　　　　　）

練習問題1

（　　　　　　　　）

練習問題2

（　　　　　　　　）

練習問題3

（　　　　　　　　）

自分で考えた地図記号

【図柄】

○新しくつくった地図記号の特徴、こだわりポイント

9 身近な地域 × マップづくり
学校周辺の地図をつくろう！

　身近な学校周辺の地図を描かせることを通じて、同じ場所でも人それぞれが異なった目印などの認識を持っていることを知ると同時に、地図帳や地形図などが誰もが共通して認識する客観的な指標をもとに作成されていることを学びます。

準備するもの　白紙を生徒一人に1枚ずつ（A4・B5くらいの大きさが後でコピーするなどして共有する場合に便利です。大きすぎると生徒が描画しづらくなります。）

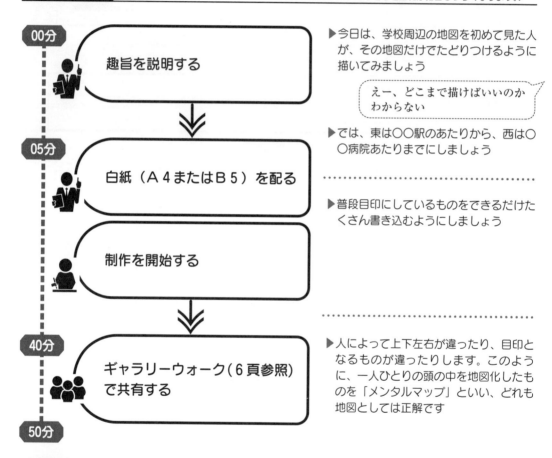

ポイント
・学校の立地によりますが、最寄り駅から学校まで、病院から学校までなど、全員が共通して知っている二地点間の地図を書かせると、生徒同士の比較がしやすくなります。二地点間が遠すぎても近すぎても、つまらない地図が増える傾向があります。

●参考文献・先行実践
　高等学校の地理A（地理B）で「メンタルマップ」というと、白紙に世界地図を描く活動が多くあります。今回は、中学1年生でも取り組める形にしてあります。
●アレンジ　特産物 × マップづくり　歴史上のできごと × マップづくり

学校周辺の地図をつくろう！［記入例］

【例】この例は、駅・バス停から学校までのルートを書いたものです。これらを参考にして、自宅から学校までの地図を、どこに何があるかを詳しく書きながら完成させてみよう！

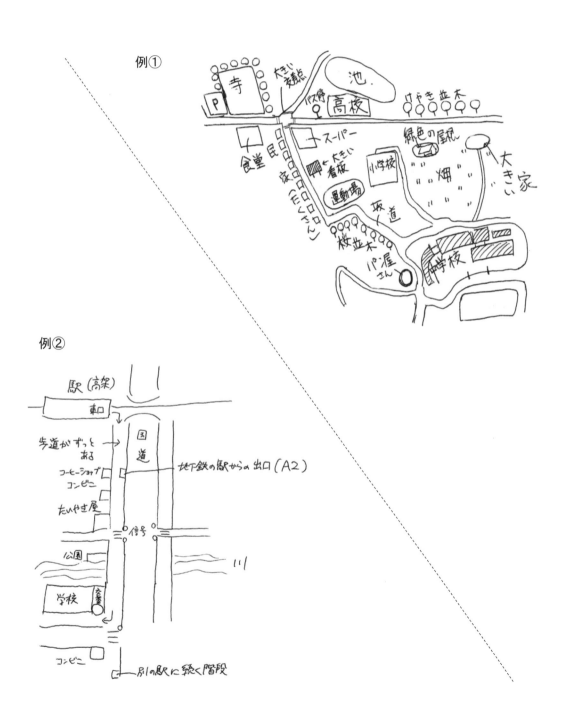

10 市の名前 × 位置あてクイズ
○○市ってどこにある？

　教師が黒板に市の名前を書き、生徒にはその属する都道府県を答えさせます。正解数で勝敗が決まります。意外と聞いたことのある市が多いことに気づかせ、これまで学習した市の復習につなげます。

準備するもの　教師：市名を50音順に並べ、都道府県を記したもの（資料参照）　生徒：地図帳

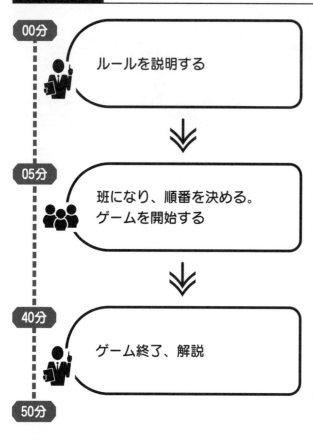

時間	活動	台詞
00分	ルールを説明する	▶まず地図帳はしまってください。さて問題、日本の市の数は全部でいくつか知っていますか？ （500－？、3000－？、1500－？） ▶答は791です。そしていま私の手元にある表には、791の市を50音順にして番号をふってあります
05分	班になり、順番を決める。ゲームを開始する	▶班内で順番を決めて、一人ずつ番号（1～791）を言ってください。私はその番号に該当する市を黒板に書くので、どの都道府県にあるのかをあててください。正解数が多い班が勝ちです、では1班 （100！） ▶（「岩出」と板書）さぁ、どこでしょう？ （知らねー！岩手県!?） ▶不正解（黒板に×を記録。なお正解は和歌山県） ▶はい次の班 （222！） ▶（「鎌倉」と板書）これはできてほしいなぁ （神奈川県！） ▶正解！（黒板に○を記録。以下略）
40分	ゲーム終了、解説	▶優勝チームは○○班です。おめでとう！ （やったね！）
50分		

ポイント

・既習事項の市が登場したら、表彰後に地図帳を使って復習します。たとえば「あ」で始まる市なら、青森・秋田のほか、明石（標準時子午線）・阿賀野（新潟水俣病の阿賀野川）、阿蘇（阿蘇山）、淡路（淡路島）など。また、会津若松の「会津」、安芸高田の「安芸」の説明などもできると理解が深まります。
・不正解続出で当然なので、正解時に盛り上げましょう。都道府県庁や近隣の市名を狙う生徒が出ると白熱するので、さりげなく誘導するのも手段の一つです。

●アレンジ　世界の国々×位置あてクイズ　旧国名×位置あてクイズ

○○市ってどこにある？ [板書例]

途中経過の一例

1班	100 岩出×	200 春日×	300 郡山×	400 西予×
2班	222 鎌倉○	333 寒河江×	444 館林○	666 北杜×
3班	1 相生×	332 境港○	201 春日井×	2 愛西×
4班	777 吉川×	331 坂出×	202 春日部○	314 湖南○
5班	111 宇治○	330 坂井×	328 佐賀○	555 新見×
6班	791 蕨○	329 堺○	790 稚内○	789 輪島○

- 開始順を一班ずつずらしていくと、公平感を保てます（点線）。
- ある程度、答えが埋まってくると、狙いたい市の番号の見当がつき白熱します。
- 上のような展開なら、振り返り時に「鎌倉（幕府）」「宇治（平等院）」「境港（漁港）」「堺（政令指定都市）」「稚内（最北端）」「輪島（漆器）」などに話を広げることが可能です。また、新幹線に詳しい生徒なら「相生」「郡山」も答えられるはずです。

○○市ってどこにある？ ［教師用資料］

・市の名前が50音順になっています。（右はその市のある都道府県）
・市のよみかた一覧は、ダウンロード版（127頁参照）で用意しています。

#	市	都道府県	#	市	都道府県	#	市	都道府県	#	市	都道府県	#	市	都道府県	#	市	都道府県
1	相生	兵庫	76	一宮	愛知	151	大野	福井	226	神栖	茨城	301	古河	茨城	376	周南	山口
2	愛西	愛知	77	市原	千葉	152	大野城	福岡	227	上山	山形	302	古賀	福岡	377	上越	新潟
3	会津若松	福島	78	糸魚川	新潟	153	大府	愛知	228	亀岡	京都	303	小金井	東京	378	常総	茨城
4	始良	鹿児島	79	伊東	静岡	154	大船渡	岩手	229	亀山	三重	304	国分寺	東京	379	城陽	京都
5	青森	青森	80	糸島	福岡	155	大町	長野	230	加茂	新潟	305	湖西	静岡	380	白岡	埼玉
6	赤磐	岡山	81	糸満	沖縄	156	大牟田	福岡	231	鴨川	千葉	306	越谷	埼玉	381	白河	福島
7	明石	兵庫	82	伊那	長野	157	大村	長崎	232	唐津	佐賀	307	五條	奈良	382	白井	千葉
8	阿賀野	新潟	83	稲敷	茨城	158	男鹿	秋田	233	刈谷	愛知	308	五所川原	青森	383	白石	宮城
9	赤平	北海道	84	稲沢	愛知	159	岡崎	愛知	234	川口	埼玉	309	御所	奈良	384	白石	和歌山
10	安芸	高知	85	稲敷	茨城	160	岡谷	長野	235	川越	埼玉	310	五泉	新潟	385	新宮	和歌山
11	昭島	東京	86	いなべ	三重	161	岡山	岡山	236	川崎	神奈川	311	小平	東京	386	新庄	山形
12	秋田	秋田	87	犬山	愛知	162	小城	佐賀	237	河内長野	大阪	312	御殿場	静岡	387	新城	愛知
13	安芸高田	広島	88	井原	岡山	163	小美玉	茨城	238	川西	兵庫	313	五泉	長野	388	吹田	大阪
14	あきる野	東京	89	茨木	大阪	164	桶川	埼玉	239	観音寺	香川	314	湖南	滋賀	389	須賀川	福島
15	阿久根	鹿児島	90	指宿	鹿児島	165	小郡	福岡	240	神埼	佐賀	315	小林	宮崎	390	宿毛	高知
16	上尾	埼玉	91	今治	愛媛	166	小樽	北海道	241	菊川	静岡	316	御坊	和歌山	391	須坂	長野
17	赤穂	兵庫	92	伊万里	佐賀	167	小田原	神奈川	242	菊池	熊本	317	狛江	東京	392	須崎	高知
18	朝霞	埼玉	93	射水	富山	168	小千谷	新潟	243	木更津	千葉	318	駒ヶ根	長野	393	逗子	神奈川
19	浅口	岡山	94	伊予	愛媛	169	尾道	広島	244	岸和田	大阪	319	小牧	愛知	394	珠洲	石川
20	朝倉	福岡	95	入間	埼玉	170	尾花沢	山形	245	北秋田	秋田	320	小松	石川	395	鈴鹿	三重
21	朝来	兵庫	96	いわき	福島	171	小浜	福井	246	北茨城	茨城	321	小松島	徳島	396	裾野	静岡
22	旭	千葉	97	岩倉	愛知	172	小浜	福井	247	喜多方	福島	322	小諸	長野	397	砂川	北海道
23	旭川	北海道	98	磐田	静岡	173	帯広	北海道	248	北上	岩手	323	西海	長崎	398	洲本	兵庫
24	足利	栃木	99	岩出	和歌山	174	御前崎	静岡	249	北九州	福岡	324	佐伯	大分	399	諏訪	長野
25	芦別	北海道	100	岩沼	宮城	175	小矢部	富山	250	北名古屋	愛知	325	西予	愛媛	400	西尾	岐阜
26	芦屋	兵庫	101	岩見沢	北海道	176	小山	栃木	251	北広島	北海道	326	さいたま	埼玉	401	関	大阪
27	阿蘇	熊本	102	印西	千葉	177	小鹿	栃木	252	北見	北海道	327	西都	宮崎	402	摂津	大阪
28	熱海	静岡	103	上田	長野	178	尾張旭	愛知	253	北斗	北海道	328	西条	佐賀	403	瀬戸	愛知
29	厚木	神奈川	104	上野原	山梨	179	甲斐	山梨	254	木津川	京都	329	堺	大阪	404	瀬戸内	岡山
30	安曇野	長野	105	魚沼	新潟	180	海南	和歌山	255	杵築	大分	330	坂井	福井	405	仙台	宮城
31	阿南	徳島	106	宇城	熊本	181	貝塚	大阪	256	紀の川	和歌山	331	坂出	香川	406	善通寺	香川
32	網走	北海道	107	うきは	福岡	182	海南	和歌山	257	宜野湾	沖縄	332	境港	鳥取	407	泉南	大阪
33	我孫子	千葉	108	宇佐	大分	183	加賀	石川	258	岐阜	岐阜	333	寒河江	山形	408	仙北	秋田
34	安城	愛知	109	宇治	京都	184	各務原	岐阜	259	君津	千葉	334	酒田	山形	409	匝瑳	千葉
35	尼崎	兵庫	110	牛久	茨城	185	角田	宮城	260	行田	埼玉	335	坂戸	埼玉	410	匝瑳	岡山
36	天草	熊本	111	臼杵	大分	186	角田	宮城	261	京田辺	京都	336	相模原	神奈川	411	総社	岡山
37	奄美	鹿児島	112	宇陀	奈良	187	掛川	静岡	262	京丹後	京都	337	佐賀	佐賀	412	相馬	福島
38	綾瀬	神奈川	113	歌志内	北海道	188	加古川	兵庫	263	京都	京都	338	佐倉	千葉	413	曽於	鹿児島
39	綾部	京都	114	宇都宮	栃木	189	鹿児島	鹿児島	264	清須	愛知	339	さくら	栃木	414	袖ケ浦	千葉
40	荒尾	熊本	115	宇土	熊本	190	加須	埼玉	265	清瀬	東京	340	桜井	奈良	415	大網白里	千葉
41	有田	和歌山	116	宇部	山口	191	笠間	茨城	266	霧島	鹿児島	341	桜川	茨城	416	大東	大阪
42	阿波	徳島	117	宇和島	愛媛	192	春日	福岡	267	桐生	群馬	342	篠山	兵庫	417	胎内	新潟
43	淡路	兵庫	118	雲仙	長崎	193	春日部	埼玉	268	串間	宮崎	343	佐世保	長崎	418	高石	大阪
44	あわら	福井	119	浦添	沖縄	194	橿原	奈良	269	草津	滋賀	344	幸手	埼玉	419	高岡	富山
45	安城	愛知	120	浦安	千葉	195	鹿嶋	茨城	270	久慈	岩手	345	札幌	北海道	420	高崎	群馬
46	安中	群馬	121	うるま	沖縄	196	鹿沼	栃木	271	串間	鹿児島	346	佐渡	新潟	421	高砂	兵庫
47	飯田	長野	122	嬉野	佐賀	197	柏	千葉	272	郡上	岐阜	347	さぬき	香川	422	多賀城	宮城
48	飯塚	福岡	123	宇和島	愛媛	198	柏崎	新潟	273	釧路	北海道	348	さくら	栃木	423	高梁	岡山
49	飯山	長野	124	雲南	島根	199	春日	福岡	274	下松	山口	349	鯖江	福井	424	高萩	茨城
50	伊賀	三重	125	江田島	広島	200	春日井	愛知	275	国東	大分	350	鯖江	福井	425	高梁	岡山
51	壱岐	長崎	126	越前	福井	201	春日井	愛知	276	国立	東京	351	座間	神奈川	426	高梁	岡山
52	池田	大阪	127	奥州	岩手	202	勝田	茨城	277	熊谷	埼玉	352	狭山	埼玉	427	高浜	愛知
53	生駒	奈良	128	恵那	岐阜	203	かすみがうら	茨城	278	熊野	三重	353	三条	新潟	428	高松	香川
54	伊佐	鹿児島	129	恵庭	北海道	204	加須	埼玉	279	熊本	熊本	354	三田	兵庫	429	高山	岐阜
55	石垣	長崎	130	海老名	神奈川	205	潟上	秋田	280	倉敷	岡山	355	山陽小野田	山口	430	宝塚	兵庫
56	石岡	茨城	131	えびの	宮崎	206	交野	大阪	281	倉吉	鳥取	356	塩竈	宮城	431	滝川	北海道
57	石垣	沖縄	132	江別	北海道	207	勝浦	千葉	282	栗原	宮城	357	塩尻	長野	432	滝川	北海道
58	石狩	北海道	133	奥州	岩手	208	勝浦	和歌山	283	久留米	福岡	358	志木	埼玉	433	滝沢	岩手
59	石巻	宮城	134	近江八幡	滋賀	209	勝山	福井	284	呉	広島	359	志木	埼玉	434	多久	佐賀
60	伊豆	静岡	135	青梅	東京	210	葛城	奈良	285	黒石	青森	360	四国中央	愛媛	435	武雄	佐賀
61	伊豆の国	静岡	136	大網白里	千葉	211	勝浦	大阪	286	黒部	富山	361	四條畷	大阪	436	竹原	広島
62	いすみ	千葉	137	大分	大分	212	門真	大阪	287	桑名	三重	362	静岡	静岡	437	太宰府	福岡
63	和泉	大阪	138	大垣	岐阜	213	香取	千葉	288	気仙沼	宮城	363	宍粟	兵庫	438	太宰府	岐阜
64	出水	鹿児島	139	大川	福岡	214	金沢	石川	289	下呂	岐阜	364	新発田	新潟	439	立川	東京
65	泉大津	大阪	140	大阪狭山	大阪	215	可児	岐阜	290	甲賀	滋賀	365	渋川	群馬	440	立川	東京
66	泉佐野	大阪	141	大阪狭山	大阪	216	鹿沼	栃木	291	合志	熊本	366	志布志	鹿児島	441	たつの	兵庫
67	出雲	島根	142	大崎	宮城	217	鹿屋	鹿児島	292	甲州	山梨	367	士別	北海道	442	伊達	福島
68	伊勢	三重	143	大洲	愛媛	218	かほく	石川	293	高知	高知	368	志摩	三重	443	伊達	北海道
69	伊勢崎	群馬	144	太田	群馬	219	嘉麻	福岡	294	江津	島根	369	島原	長崎	444	館林	群馬
70	伊勢原	神奈川	145	大田	島根	220	蒲郡	愛知	295	江南	愛知	370	島田	静岡	445	館山	千葉
71	潮来	茨城	146	大竹	広島	221	鎌ケ谷	千葉	296	香南	高知	371	四万十	高知	446	田辺	和歌山
72	伊丹	兵庫	147	大館	秋田	222	鎌倉	神奈川	297	鴻巣	埼玉	372	下野	栃木	447	田原	愛知
73	市川	千葉	148	大府	栃木	223	香美	高知	298	甲斐	山梨	373	下妻	茨城	448	田原	東京
74	いちき串木野	鹿児島	149	大津	滋賀	224	香美	高知	299	神戸	兵庫	374	下妻	茨城	449	玉名	熊本
75	一関	岩手	150	大月	山梨	225	上天草	熊本	300	郡山	福島	375	下関	山口	450	玉野	岡山

No.	市	都道府県
451	田村	福島
452	垂水	鹿児島
453	丹波	兵庫
454	茅ヶ崎	神奈川
455	筑後	福岡
456	筑紫野	福岡
457	筑西	茨城
458	千曲	長野
459	知多	愛知
460	秩父	埼玉
461	千歳	北海道
462	茅野	長野
463	千葉	千葉
464	中央	山梨
465	銚子	千葉
466	調布	東京
467	知立	愛知
468	津	三重
469	つがる	青森
470	つくば	茨城
471	つくばみらい	茨城
472	津久見	大分
473	津島	愛知
474	対馬	長崎
475	土浦	茨城
476	燕	新潟
477	津山	岡山
478	都留	山梨
479	鶴岡	山形
480	敦賀	福井
481	鶴ヶ島	埼玉
482	天童	山形
483	天理	奈良
484	東温	愛媛
485	東海	愛知
486	東金	千葉
487	東御	長野
488	十日町	新潟
489	遠野	岩手
490	土岐	岐阜
491	徳島	徳島
492	常滑	愛知
493	所沢	埼玉
494	土佐	高知
495	土佐清水	高知
496	鳥栖	佐賀
497	戸田	埼玉
498	栃木	栃木
499	鳥取	鳥取
500	砺波	富山
501	鳥羽	三重
502	苫小牧	北海道
503	富岡	群馬
504	豊見城	沖縄
505	富里	千葉
506	富谷	宮城
507	登米	宮城
508	富山	富山
509	豊明	愛知
510	豊岡	兵庫
511	豊川	愛知
512	豊田	愛知
513	豊中	大阪
514	豊橋	愛知
515	取手	茨城
516	十和田	青森
517	富田林	大阪
518	那珂	茨城
519	長井	山形
520	長岡	新潟
521	長岡京	京都
522	長久手	愛知
523	長崎	長崎
524	中津	大分
525	中津川	岐阜
526	長門	山口
527	中野	長野
528	長野	長野
529	長浜	滋賀
530	中間	福岡
531	流山	千葉
532	名護	沖縄
533	名古屋	愛知
534	那須烏山	栃木
535	那須塩原	栃木
536	名取	宮城
537	七尾	石川
538	那覇	沖縄
539	名張	三重
540	行方	茨城
541	滑川	富山
542	名寄	北海道
543	奈良	奈良
544	習志野	千葉
545	成田	千葉
546	鳴門	徳島
547	南国	高知
548	南城	沖縄
549	南丹	京都
550	南砺	富山
551	南陽	山形
552	新潟	新潟
553	新座	埼玉
554	新居浜	愛媛
555	新見	岡山
556	にかほ	秋田
557	西尾	愛知
558	西東京	東京
559	西之表	鹿児島
560	西宮	兵庫
561	西脇	兵庫
562	日南	宮崎
563	日光	栃木
564	日進	愛知
565	二戸	岩手
566	二本松	福島
567	韮崎	山梨
568	沼田	群馬
569	沼津	静岡
570	根室	北海道
571	寝屋川	大阪
572	直方	福岡
573	能代	秋田
574	野田	千葉
575	野々市	石川
576	延岡	宮崎
577	登別	北海道
578	能美	石川
579	萩	山口
580	羽咋	石川
581	白山	石川
582	函館	北海道
583	羽島	岐阜
584	橋本	和歌山
585	蓮田	埼玉
586	秦野	神奈川
587	八王子	東京
588	八戸	青森
589	八幡平	岩手
590	廿日市	広島
591	花巻	岩手
592	羽生	埼玉
593	羽曳野	大阪
594	浜田	島根
595	浜松	静岡
596	羽村	東京
597	半田	愛知
598	坂東	茨城
599	阪南	大阪
600	飯能	埼玉
601	日置	鹿児島
602	東近江	滋賀
603	東大阪	大阪
604	東かがわ	香川
605	東久留米	東京
606	東根	山形
607	東広島	広島
608	東松島	宮城
609	東松山	埼玉
610	東村山	東京
611	東大和	東京
612	光	山口
613	彦根	滋賀
614	備前	岡山
615	日田	大分
616	飛騨	岐阜
617	日野	東京
618	日立	茨城
619	常陸太田	茨城
620	常陸大宮	茨城
621	ひたちなか	茨城
622	人吉	熊本
623	日野	滋賀
624	美唄	北海道
625	氷見	富山
626	姫路	兵庫
627	日向	宮崎
628	枚方	大阪
629	平川	青森
630	平塚	神奈川
631	平戸	長崎
632	弘前	青森
633	広島	広島
634	笛吹	山梨
635	深川	北海道
636	深谷	埼玉
637	福井	福井
638	福岡	福岡
639	福島	福島
640	福知山	京都
641	福津	福岡
642	福山	広島
643	袋井	静岡
644	富士	静岡
645	藤井寺	大阪
646	藤枝	静岡
647	藤岡	群馬
648	藤沢	神奈川
649	富士宮	静岡
650	富士見	埼玉
651	ふじみ野	埼玉
652	富士吉田	山梨
653	豊前	福岡
654	府中	東京
655	府中	広島
656	福生	東京
657	富津	千葉
658	船橋	千葉
659	富良野	北海道
660	豊後大野	大分
661	豊後高田	大分
662	碧南	愛知
663	別府	大分
664	防府	山口
665	北斗	北海道
666	北杜	山梨
667	鉾田	茨城
668	本庄	埼玉
669	舞鶴	京都
670	米原	滋賀
671	前橋	群馬
672	牧之原	静岡
673	枕崎	鹿児島
674	益田	島根
675	町田	東京
676	松浦	長崎
677	松江	島根
678	松阪	三重
679	松戸	千葉
680	松原	大阪
681	松本	長野
682	松山	愛媛
683	真庭	岡山
684	丸亀	香川
685	三浦	神奈川
686	三笠	北海道
687	三木	兵庫
688	三郷	埼玉
689	三沢	青森
690	三島	静岡
691	瑞浪	岐阜
692	瑞穂	岐阜
693	三鷹	東京
694	見附	新潟
695	水戸	茨城
696	三豊	香川
697	みどり	群馬
698	水俣	熊本
699	南足柄	神奈川
700	南アルプス	山梨
701	南あわじ	兵庫
702	南魚沼	新潟
703	南九州	鹿児島
704	南さつま	鹿児島
705	南島原	長崎
706	南相馬	福島
707	南房総	千葉
708	美祢	山口
709	美濃	岐阜
710	箕面	大阪
711	美濃加茂	岐阜
712	三原	広島
713	美馬	徳島
714	美作	岡山
715	宮古	岩手
716	宮古島	沖縄
717	都城	宮崎
718	宮崎	宮崎
719	宮津	京都
720	みやま	福岡
721	宮若	福岡
722	妙高	新潟
723	みよし	愛知
724	三好	徳島
725	三次	広島
726	向日	京都
727	武蔵野	東京
728	武蔵村山	東京
729	むつ	青森
730	宗像	福岡
731	村上	新潟
732	村山	山形
733	室戸	高知
734	真岡	栃木
735	本巣	岐阜
736	本宮	福島
737	茂原	千葉
738	盛岡	岩手
739	守口	大阪
740	守谷	茨城
741	守山	滋賀
742	紋別	北海道
743	矢板	栃木
744	焼津	静岡
745	八尾	大阪
746	八潮	埼玉
747	野洲	滋賀
748	安来	島根
749	八街	千葉
750	八街	千葉
751	八千代	千葉
752	八代	熊本
753	弥富	愛知
754	柳井	山口
755	柳川	福岡
756	養父	兵庫
757	山鹿	熊本
758	山県	岐阜
759	山形	山形
760	山口	山口
761	大和	神奈川
762	大和郡山	奈良
763	大和高田	奈良
764	山梨	山梨
765	八女	福岡
766	山武	千葉
767	八幡浜	愛媛
768	結城	茨城
769	夕張	北海道
770	行橋	福岡
771	湯沢	秋田
772	由布	大分
773	由利本荘	秋田
774	横須賀	神奈川
775	横手	秋田
776	横浜	神奈川
777	吉川	埼玉
778	吉野川	徳島
779	四日市	三重
780	四街道	千葉
781	米子	鳥取
782	米沢	山形
783	陸前高田	岩手
784	栗東	滋賀
785	龍ヶ崎	茨城
786	留萌	北海道
787	和歌山	和歌山
788	和光	埼玉
789	輪島	石川
790	稚内	北海道
791	蕨	埼玉

※市の読みが同じ場合は、都道府県の50音順で配列しました。
　（例：63・64の「いずみ市」は、大阪府和泉市を鹿児島県出水市より前に配列）
　ただし、442・443の伊達市（福島県・北海道）、654・655の府中市（東京都・広島県）はそれぞれ字も同じため、両方正解になります。

11 県庁所在地 × 宝探しパズル
都道府県庁所在地宝探しパズル

　都道府県庁所在地を確認させるためのパズルです。未定着の段階や書いて答えることがまだ難しい生徒が多い場合に、楽しみながら正解を探すことができます。

準備するもの　教師：ワークシート　生徒：地図帳

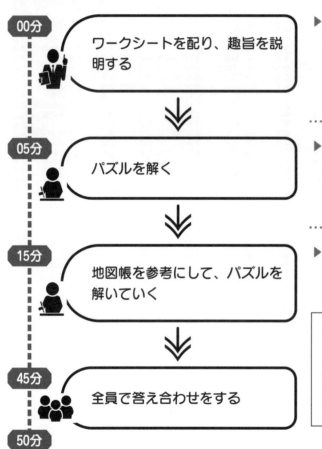

時間	活動	声かけ
00分	ワークシートを配り、趣旨を説明する	▶今日は都道府県庁所在地についてのパズルを解いてみましょう
05分	パズルを解く	▶まずは何も見ないで、自力で解いてみましょう
15分	地図帳を参考にして、パズルを解いていく	▶もう限界、という場合は地図帳を見ながらでもいいですよ
45分	全員で答え合わせをする	
50分		

【4×4マスの解答】水戸、広島、札幌、秋田、高松、福岡、岐阜、千葉
【6×6マスの解答】大阪、神戸、山形、宮崎、富山、大津、和歌山、長崎、青森、宇都宮、松江、鳥取、奈良、大分、高知、甲府、前橋

ポイント
・定着が遅い生徒は、地方別にすると取り組みやすいです。
・都道府県名とセットで余白に書かせると、学習の効果が高まります。
・早く終わってしまった場合、パズルを自作させてもいいでしょう。ダウンロード版（127頁参照）に枠のみのひな型もあります。

●参考文献・先行実践
　ラクイチ国語研究会編『中学国語ラクイチ授業プラン』（学事出版、2017年）
●アレンジ　日本国憲法 × 宝探しパズル　年号 × 宝探しパズル

都道府県庁所在地宝探しパズル

クラス（　　　）　番号（　　　）　氏名（　　　　　　　　　　）

パズルの中の漢字を組み合わせて、都道府県庁所在地をつくってください。

戸	島	幌	千
岡	田	松	秋
広	高	水	阜
札	岐	福	葉

できた都道府県庁所在地	

大	神	形	宮	山	津
富	和	長	阪	知	青
都	江	取	奈	松	宮
良	分	大	崎	歌	橋
山	高	崎	甲	鳥	大
府	戸	宇	前	森	山

できた都道府県庁所在地	

12 都道府県 × キャッチコピー
都道府県にキャッチコピーをつけよう

　都道府県のキャッチコピーを考えさせる活動です。県の特徴や発展や「売り」などに関し、理由を1分程度で説明させます。地方学習の復習や県の本質をとらえさせる練習にもなり、また他の生徒のキャッチコピーを見ることで県をとらえる様々な視点を学ばせることができます。

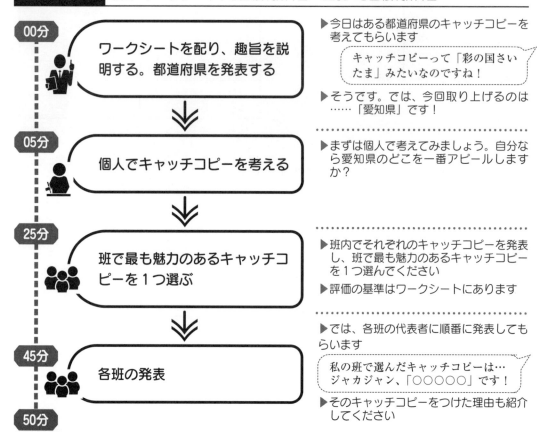

ポイント

・「ことば遊び」を楽しむくらいの感じで実施するとよいと思います。
・根拠となる事柄や世界観などを、生徒がわかりやすく説明できるように誘導すると説明が円滑になります。
・いろいろな視点を発表してもらいたいので、各班での発表をランキング形式にしてあります。
・ダウンロード版（127頁参照）の「日本都道府県カード」を活用して、くじにしたり、班別に取り組む都道府県を分けることも可能です。

● アレンジ　時代のイメージ × キャッチコピー　中央省庁 × キャッチコピー

都道府県にキャッチコピーをつけよう

クラス（　　　）　番号（　　　）　氏名（　　　　　　　　　　　）

都道府県名

1.この都道府県の情報を集めよう（地理、歴史、文化、生活、スポーツ、有名人など）

2.もっともアピールしたいこと・もの

3.わたしが考えたこの都道府県のキャッチコピー

　　　（このキャッチコピーのこだわり・アピールポイント）

【参考：評価の基準】
①その都道府県の特徴を表現できているか
②簡潔でわかりやすいか（口ずさみやすいか）
③他の都道府県との違いが明確に出ているか

13 　地方のスポット × すごろく
すごろく日本旅行

　農業や工業、観光地やスポーツなど、テーマを1つ設定したうえで、そのテーマに沿って日本の8地域区分から1つずつ都道府県を選び、すごろくを作成します。日本全体の復習に、あるいは地域学習の復習になります。面白く「日本」を学ぶことができます。

準備するもの　教師：ワークシート、地図帳、教科書、サイコロ（班の数）　生徒：地図帳、教科書

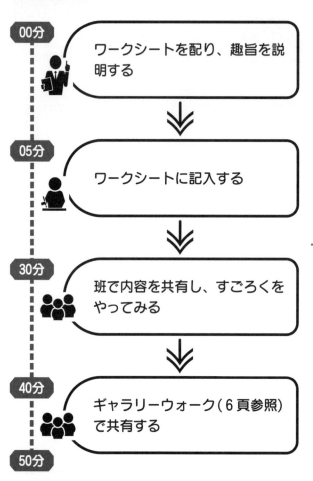

00分 ワークシートを配り、趣旨を説明する

▶今日は日本のすごろくをつくります。
　　楽しそう！
▶ルールは2つです。①8地域区分から1つずつ都道府県（あるいは都市）を選ぶこと
　　九州だけではだめってことですね？

05分 ワークシートに記入する

▶そうです。ルール②1つのテーマを決めて、テーマにちなんだスポットのある都道府県を選ぶことです
（例）政令指定都市巡り、温泉巡り、高校野球・サッカー強豪校巡り、寺社巡り

30分 班で内容を共有し、すごろくをやってみる

　　先生、最後の「お気に入り」って何ですか？
▶そこはどこでも自分の好きな都道府県を入れていいですよ

40分 ギャラリーウォーク（6頁参照）で共有する

50分

ポイント
・楽しく面白がって問題をつくることに力点を置くと充実した活動になります。
・日本地理だけでなく、世界地理で地域やテーマを決めても実施できます。

●アレンジ　世界 × すごろく　　各時代 × すごろく

すごろく日本旅行

クラス（　　）番号（　　）氏名（　　　　　）

テーマ（　　　　　　　　　　）

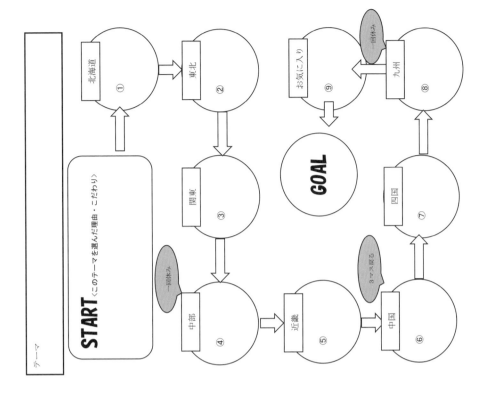

すごろく日本旅行 ［記入例］

クラス（　　）番号（　　）氏名（　　　　　）

テーマ　日本全国　神社巡り

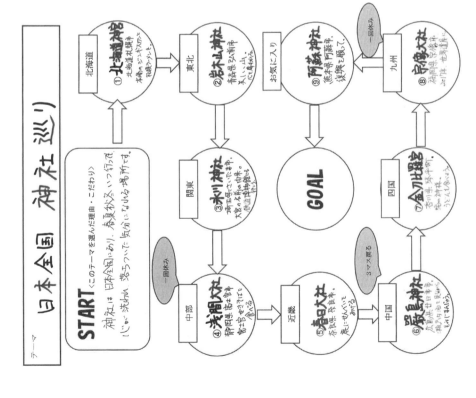

14 地名 × 山手線ゲーム
地名で山手線ゲーム

　日本の地名をお題に沿って列挙させていく、山手線ゲーム（古今東西ゲーム）です。テーマに沿って学習を行い、知識の定着や連想力を高めます。

準備するもの　教師：ワークシート、地図帳　　生徒：地図帳

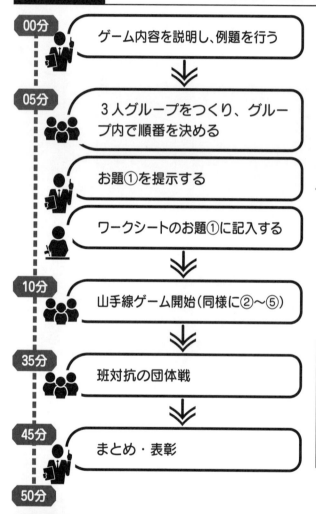

（例）
- ▶山手線ゲーム、始めるぞー
- おー！
- ▶負けないぞー
- おー！
- ▶古今東西、『山』の付く都市の名前
- パン、パン。「山形」。パンパン。「山梨」。パンパン「〇〇」
- ▶それでは、お題①いってみましょう！山手線ゲーム、始めるぞー
- おー！（略）

〈お題の例〉
・色（青森、赤穂、目黒）・植物（杉並、松山、山梨）・動物（熊本、鳥取、牛久、犬山、猪苗代、山鹿）・魚（糸魚川、魚沼、魚津）・食べ物（稲城、久留米、栗山）・ひらがなの市（さいたま、つくば、いわき）・数字（一宮、二本松、三重、四日市、五島、九十九里、千代田、四万十）など。

ポイント
- すぐに答えは出ないので、地図帳を使いながら対抗戦をするとよいです。
- 教師の対応範囲の限定のため、都道府県名・市区町村名に限定してもよいです。
- テーマに沿って学習ができるため、生徒がテーマ（お題）をあげてもよいし、授業での意図がある場合には教師がテーマを列挙してもよいです。
- 班対抗（3×2＝6人など）で、実施してもよいです。

●アレンジ　歴史上の人物 × 山手線ゲーム　　市の名前 × 山手線ゲーム

地名で山手線ゲーム

クラス（　　　）　番号（　　　）　氏名（　　　　　　　　　　）

【例題：「山」の字が入っている地名】
　　　山口、山梨、山形、山鹿、郡山、宇治山田、小山、中山、大山、高山

お題①（　　　　　　　　　　　　　　　　　　　　　　　　　）

> 地名…

お題②（

> 地名…

お題③（

> 地名…

お題④（

> 地名…

お題⑤（

> 地名…

感想

「山手線ゲーム」とは…
「お題」を決め、それに沿った解答を参加者が順番に解答していきます。一度出た答え
は再び答えとして使うことはできません。また、答えがすべて出尽くすと終了となりま
す。同じ答えを2度言ったり、途中で答えを言えなくなったり、テーマに合わない誤答
をした場合は負けです。

15 　地方のスポーツチーム × マッピング
プロ野球で学ぼう

　日本にあるプロ野球12球団の本拠地を日本地図（白地図）に書き込ませます。身近なところに地理ネタがあることに気づかせるとともに、政令指定都市に球団が分布することを理解させることが目的です。普段は地理学習に積極的でない生徒にも活躍の場があります。

| 準備するもの | 教師：ワークシート、12球団の情報（プロ野球選手写真名鑑）など　生徒：なし |

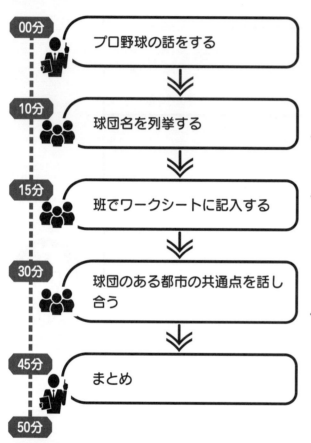

▶今日は日本のプロ野球で遊びたいと思います。どんな選手を知っていますか？
　　ジャイアンツの菅野智之選手！
　　タイガースの鳥谷敬選手！

▶では、日本にはプロ野球チームがいくつありますか？
　　12球団！

▶班対抗で、セントラル・リーグ、パシフィック・リーグの球団名を挙げていきましょう。先生が黒板に書いていきます

▶12球団を日本地図に書き込んだところで質問です。プロ野球球団のある街はどんなところですか？
　　大都市！

▶そうですね。ではなぜ、球団は大都市にあるのでしょうか？　班で話し合って書いてみましょう

▶球団は人口が集中し、大きな企業のある大都市に多いことがわかりましたね
・政令指定都市（札幌・仙台・千葉・横浜・名古屋・大阪・神戸・広島・福岡）
・地方中核都市（＝地方中枢都市）（札幌・仙台・広島・福岡）

ポイント
・プロ野球球団の親会社の業種の変化から、日本の産業構造の変化（例：映画産業→放送・テレビ→IT）を理解させたり、鉄道会社が球団を持っていた（＝沿線地域の開発、娯楽）という特性に気づかせたりすることもできます。
・日本野球機構（NPB）以外の比較的新しいリーグのある地域の中学の授業では、導入例としてそれを挙げることも可能です。

●参考文献・先行実践
　各球団HPなどを事前に見ることができれば、球団の歴史など情報を得ることも可能。
●アレンジ　地域のスポット × マッピング　　特産物 × マッピング

プロ野球で学ぼう　　　　　　　　　　　　プロ野球で学ぼう［解答］

クラス（　）番号（　）氏名（　）　　　　　クラス（　）番号（　）氏名（　）

1.「プロ野球」の球団所在地（都市）の場所を「都市名」に記しましょう。

球団名（セントラル・リーグ）	都市名	球団名（パシフィック・リーグ）	都市名
①読売ジャイアンツ	東京	A 北海道日本ハムファイターズ	札幌
②東京ヤクルトスワローズ	東京	B 東北楽天ゴールデンイーグルス	仙台
③横浜DeNAベイスターズ	横浜	C 埼玉西武ライオンズ	所沢
④中日ドラゴンズ	名古屋	D 千葉ロッテマリーンズ	千葉
⑤阪神タイガース	西宮	E オリックス・バファローズ	大阪・神戸
⑥広島東洋カープ	広島	F 福岡ソフトバンクホークス	福岡

2. その都市がどこにあるのか、白地図に球団の記号①〜⑥、A〜Fを記入しましょう。

地図：CraftMAP

3. どんな都市に球団はあるのか、都市の共通点を考えてみましょう。

- 人口の多い大都市（東京・大阪・名古屋・横浜・千葉・所沢・西宮）
- 政令指定都市（札幌・仙台・大阪・横浜・名古屋・神戸・広島・福岡）
- やや大都市の近く（千葉・所沢・福岡）
- 地方中枢都市（札幌・仙台・広島・福岡）：各地方の中心都市

1.「プロ野球」の球団所在地（都市）の場所を「都市名」に記しましょう。

球団名（セントラル・リーグ）	都市名	球団名（パシフィック・リーグ）	都市名
①読売ジャイアンツ		A 北海道日本ハムファイターズ	
②東京ヤクルトスワローズ		B 東北楽天ゴールデンイーグルス	
③横浜DeNAベイスターズ		C 埼玉西武ライオンズ	
④中日ドラゴンズ		D 千葉ロッテマリーンズ	
⑤阪神タイガース		E オリックス・バファローズ	
⑥広島東洋カープ		F 福岡ソフトバンクホークス	

2. その都市がどこにあるのか、白地図に球団の記号①〜⑥、A〜Fを記入しましょう。

地図：CraftMAP

3. どんな都市に球団はあるのか、都市の共通点を考えてみましょう。

16 統計 × ランキング 日本の何でもランキング

日本について（地図帳の）統計集などを利用して、ランキング形式で学ばせます。
テーマ別学習のきっかけとして、世の中を見る視点を多く経験させます。

準備するもの　教師：ワークシート、地図帳、統計集（『地理統計要覧』『日本国勢図会』等）　生徒：地図帳

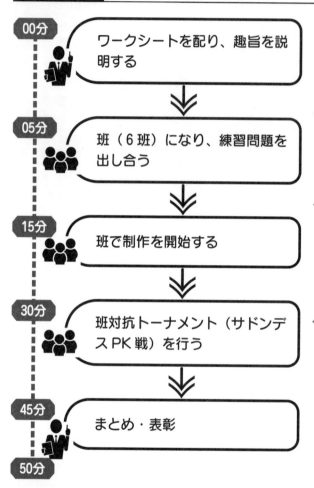

00分 ワークシートを配り、趣旨を説明する
- 今日はランキング形式で日本のことを見ていきましょう
- 実際のデータがわかる道具をみなさんは持っています。地図帳の後ろに統計集があることを知っていますか。今日はその統計を使って遊んでみましょう

05分 班（6班）になり、練習問題を出し合う
- まずは日本の統計を見ながら、人口、面積などのランキングをつくって問題を出し合いましょう
- 上位3～10位（時間によって調整）まで当てられたら、次の問題に移ります

15分 班で制作を開始する
- 各班6～10個のランキング問題をつくりましょう。テーマは自由です
  （日本国内だけですか？）
- 地図帳の統計集から出せるランキングであれば、世界でもOKです。正解は上位3位まで書いてください

30分 班対抗トーナメント（サドンデスPK戦）を行う
- 班対抗でトーナメント戦をします。順番に1問ずつ出し合います

45分 まとめ・表彰

50分

ポイント
・「○○の第1位の都道府県はア〜ウのどれ？」と3択程度にして問題を出し、解答しやすくするという方法もあります。
・地図帳の統計集を面白がってひく、面白がって問題をつくることに力点を置きます。
・問題の評価方法は、①面白い②勉強になる③その国が好きになるなど、いろいろ変えることができます。同点の場合は他の班員で多数決をして決定します。

●アレンジ　各国の人口 × ランキング　特産物 × ランキング

日本の何でもランキング

クラス（　　　）　番号（　　　）　氏名（　　　　　　　　　　）

オリジナルを見ながらオリジナルのランキング問題をつくりましょう！

【例題】

ランキング名 日本で人口の多い都道府県は？	このランキングからわかること ・商工業が発達した地域に人口が集まっていると思った。

第1位	東京都
第2位	神奈川県
第3位	大阪府

ランキング名	このランキングからわかること

第1位	
第2位	
第3位	

ランキング名	このランキングからわかること

第1位	
第2位	
第3位	

ランキング名	このランキングからわかること

第1位	
第2位	
第3位	

17 世界の国々 × 旅行企画
旅行会社でツアーを企画しよう

　ある国や都市を2泊3日で楽しむ旅行ツアーをつくります。国の特徴や、国が発展しているか、名産品、観光地、どんな体験ができるか、売りは何か、テーマを各自で決めて、作品を1分程度で説明させます。この活動を通じて、その国の学習を復習させることができます。

| 準備するもの | 教師：ワークシート、地図帳、教科書　生徒：地図帳、教科書 |

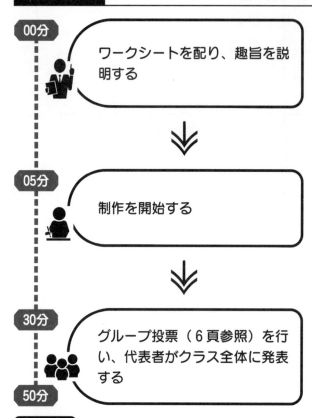

ポイント
・テーマを決めて、その都市・活動を選びます。（例：魚介食べ放題、心と体を癒す旅、遺跡巡り、サッカー強豪チーム巡り）
・日本国内で実施する場合、高校野球（高校サッカー）強豪校巡り、麺類大捜索（ラーメン、うどん、そば）など、より具体的なテーマにすることもできます。
・面白がってツアーを企画させることに力点を置きます。
・企画は、①面白い②勉強になる③その国（都市）、テーマが好きになる、などによって評価できます。
・クラスのレベルに応じて、ダウンロード版（127頁参照）の「教科書に出てくる国名リスト」「外国主要都市名カード」「日本都道府県カード」からくじを引かせる方法もあります。

●アレンジ　都道府県 × 旅行企画　　近代 × 旅行企画

旅行会社でツアーを企画しよう

クラス（　　　）　番号（　　　）　氏名（　　　　　　　　　）

名産品・観光地、普段体験できないこと・食べられないものを集め、ツアーをつくろう。

テーマは自由（例：心と体を癒す旅、遺跡巡り、麺類大捜索、サッカー道場破り）

【ツアー名】

で　　　　　　　　　しよう！

ポイント１
ポイント２
ポイント３

写真（絵）

こんな方におススメ！

担当者のここだけのハ・ナ・シ！

18 　特産物 × 献立づくり
地方のイメージで献立を考えよう

　ある地方の特産物やイメージを活用して給食の献立を考えます。農産品、畜産、魚介類はもちろん、陶芸品や地域の文化、ランドマークのようなものをイメージさせます。給食のテーマもいろいろな軸を設定させ、視点を複数持って地方の特徴を学ぶことができます。地方の学習の復習にもなります。

| 準備するもの | 教師：ワークシート、地図帳、教科書　　生徒：地図帳、教科書 |

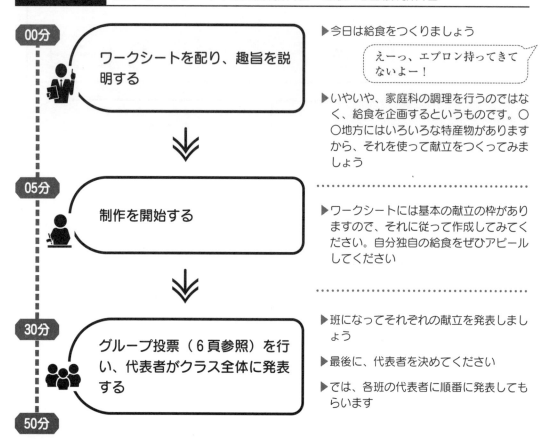

ポイント
・テーマを決めて、献立をつくることがポイントです。（例：「肉ざんまい九州」、「麺・くだもの・野菜＝バランス四国」、「多国籍な静岡定食」、麺類、など）
・献立の評価方法は、①面白い②美味しそう③その地域の特徴が出ている④個人の特徴が出ている　など。

●アレンジ　各時代 × 献立づくり　　エコ問題 × 献立づくり

地方のイメージで献立を考えよう

クラス（　　）　番号（　　）　氏名（　　　　）

給食のテーマ

デザート or ドリンク

小鉢2

メイン1

メイン2

小鉢1

主食

【　　シェフの一言ポイント　　】

19 日本地図 × ぬり絵
白地図陣取りゲーム

2～3人で白地図を1県ずつ順にぬり絵をします。テーマ（①面積②人口③市の数など）に沿って多い都道府県を考えながら陣取りゲームをします。答え合わせは地図帳や教科書巻末の統計集を使用します。このゲームを通じて、楽しくテーマについての学習を行えます。

準備するもの 教師：ワークシート 生徒：色鉛筆（マーカーでもよい）、地図帳、教科書、電卓

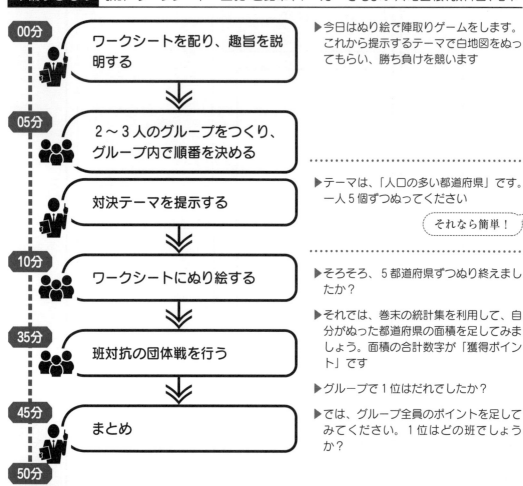

ポイント
・面積は、都道府県別順位を使ってもよいです。（その場合、統計の資料が必要となります）
・面積では、1位の北海道を抜いて対決をすると勝負が面白くなります。
・市の数などを生徒に学ばせるよい機会となります。
・個人対抗も、グループ間対抗にも対応可能です。

●アレンジ 世界×ぬり絵　身近な地域×ぬり絵

白地図陣取りゲーム

クラス（　　）番号（　　）氏名（　　　　　　　）

（　　組　班）　班員

対決テーマ

地図：CraftMAP

【ルール】
①対戦者でグループをつくり順番を決めます。
②対決テーマが提示されます。
③順番に、「最も該当する」と思う県を自分の色でぬっていきましょう。
④統計を使って答え合わせをします。

獲得ポイント

点

20 日本の島 × 名前あてゲーム
日本の島　面積ベスト30

　日本地図の面積ベスト30の島を見て、島名を答えさせます。最初に面積の順位を記した日本地図を配り、島名を答えさせ、ゲーム形式で競わせます。答を黒板に書いていくことで、日本の島の名前を改めて覚えたり思い出したりできるようにします。

準備するもの　教師：ワークシート（班数分）　生徒：地図帳

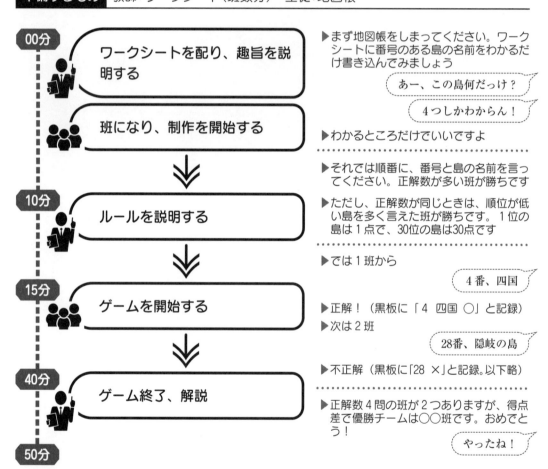

ポイント
・表彰後の振り返りの際、既習事項と結びつけると知識の定着に効果的です。（種子島と鉄砲伝来、対馬と朝鮮通信使など）
・北方領土の大きさを再認識できるはずです。また、知名度が高くても小さな島があること（沖ノ鳥島など）も説明できます。

●アレンジ　世界の国々 × 名前あてゲーム　歴史上のできごと × 名前あてゲーム

日本の島　面積ベスト30

クラス（　　）番号（　　）氏名（　　　　　　　）

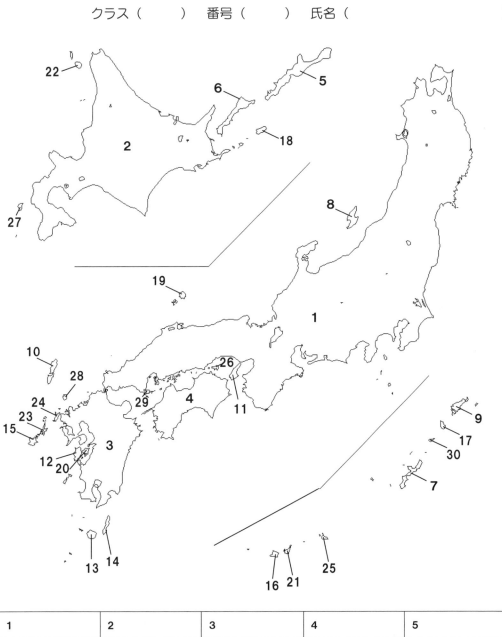

1	2	3	4	5
6	7	8	9	10
11	12	13	14	15
16	17	18	19	20
21	22	23	24	25
26	27	28	29	30

日本の島　面積ベスト30［教師用資料］

解答

1　本州	2　北海道	3　九州	4　四国	5　択捉島
6　国後島	7　沖縄島（沖縄本島）	8　佐渡島	9　奄美大島	10　対馬
11　淡路島	12　天草下島	13　屋久島	14　種子島	15　福江島
16　西表島	17　徳之島	18　色丹島	19　島後	20　天草上島
21　石垣島	22　利尻島	23　中通島	24　平戸島	25　宮古島
26　小豆島	27　奥尻島	28　壱岐島	29　屋代島（周防大島）	30　沖永良部島

※19 の島後は隠岐諸島の一つですが、「隠岐の島」で正解とするかは教員の裁量次第です。

途中経過の一例（板書）

1班	4　四国	1　本州	9　×	23　×
2班	28　×	26　小豆島	18　色丹島	25　宮古島
3班	11　淡路島	10　対馬	6　×	19　×
4班	28　壱岐島	14　種子島	13　屋久島	16　×
5班	8　佐渡島	7　沖縄島	6　国後島	16　×
6班	3　九州	2　北海道	5　択捉島	24　×

- 開始順を一班ずつずらしていくと、公平感を保てます。（点線）
- 全部で何周するかをあらかじめ教師が言っておくと、生徒は作戦が立てやすいです。目安は8周程度。それ以前でも、全班不正解の周が出たら打ち切っていいかもしれません。
- 例の時点で、3問正解の班が4つありますが、正解した順位の合計が 69 の2班が1位です。（26+18+25=69）

2章 歴史

21 歴史上の人物 × POP
人物紹介POPづくり

　CDショップにはたくさんのアーティスト紹介POPがならんでいます。それを参考に、学習した人物についてのPOPを作成させ、その人物の魅力や事績を紹介させる活動です。良いPOPをつくるには人物の内容をまとめるだけでなく、どのような知識が重要かなどを考えさせることにつながります。

準備するもの 教師：ワークシート、コピー用紙または画用紙（A5、B6程度）、下書き用の紙（必要に応じて）　生徒：教科書、資料集

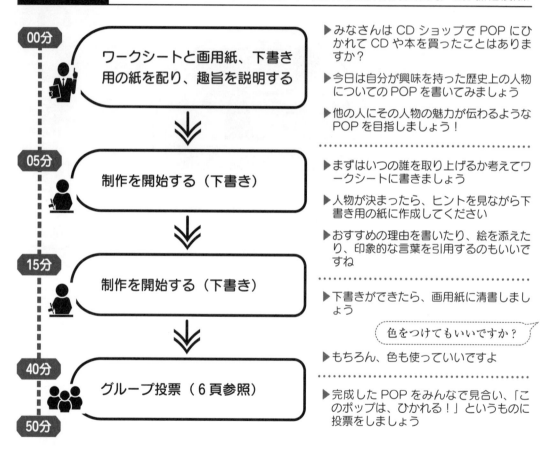

ポイント

・事前告知なしでもできますが、前日までに生徒に次回の授業の予告を行い、好きな人物に関する情報や画材を準備させると、生徒の参加意欲が高まります。

●参考文献・先行実践
　吉田和夫・稲井達也編、小中学校読書活動研究会著『これならできる！楽しい読書活動』（学事出版、2015年）
　POP王『POP王の本！グッドセラー100＆ポップ裏話』（新風舎、2006年）
　ラクイチ国語研究会編『中学国語ラクイチ授業プラン』（学事出版、2017年）
●アレンジ　特産物×POP　祭り×POP

人物紹介 POP づくり

クラス（　　）　番号（　　　）　氏名（　　　　　　　　　）

学習した人物についてのPOPを作成し、その人物の魅力や事績を紹介しましょう。

《手順》
① 人物名、いつの時代の人か、その人を代表するいちばん有名なできごと
〔　　　　　　　　　　　　　　　　　　　　　　　　　　　　　　　　〕

② POPに書くことの例
・キャッチコピー（人目をひく言葉。この人物の「アピールポイント」はここ！）
・その人物を「推す」理由（「笑顔がいい」「強い！」などの簡単な言葉でも）
・その人物を知ることをおすすめするコメント
・あまり知られていない部分をさりげなくアピール

目立つPOPにするためのヒント
・＜イラスト＞や＜吹き出し＞も加えてレイアウトを工夫してみよう
・画像をスケッチしたものを顔写真的に利用してもよい
・注目させる色使い（黄色地に黒字や黒で縁取った赤文字などを使うと目立つ）
・有名なCMや漫画の一部をパロディー風にとりあげると面白い
・＜キャッチコピー＞や＜コメント＞に擬音語やメタファーを利用する
・個性ある文字や素人っぽいイラストに親近感がわく
・文字を大きく個性的にする（囲み文字やサイズ、書き方（書体）を変えてみる）

《作品例》

22 歴史事象 × 替え歌
時代の替え歌をつくろう

　授業で学習した時代の知識を活用し、音楽の教科書などに掲載されている楽曲を参考にしながら、その時代や人物テーマにした替え歌を作成させるという活動です。歌詞を考える活動を通じ、歴史知識の確認や、歴史人物の心情を主体的に楽しみながら考えさせることができます。

準備するもの　教師：ワークシート　生徒：教科書（あれば音楽も）、資料集

時間	活動	声かけ
00分	ワークシートを配り、趣旨を説明する	▶みなさんはどんな歌手が好きですか？曲が好きというのはもちろんですが、歌詞に共感するという人も多いと思います ▶今日は、以前学習した単元の知識や理解を用いて、替え歌を作ってみましょう
05分	ワークシートに記入する（手順①〜②）音楽の教科書、ワークシート、事例集を参考に、イメージをふくらませる	▶音楽の教科書を参考にして、もとにする曲を探してみましょう ▶歌詞で使いたい言葉や歴史用語も、たくさん挙げておきましょう！
15分	歌詞の制作を開始する（手順③）	▶頭で歌をイメージして、同じ音の数を踏む歴史用語を結びつけてみましょう ▶作成例もぜひ参考にしてみましょう
40分〜50分	グループ投票（6頁参照）を行い、代表者がクラス全体に発表する	▶作成した歌詞を見せ合って、歌い合い楽しみましょう ▶「いいな」という歌に投票してみましょう

ポイント
・授業の導入で、事例の歌を示すと、活動イメージがわきやすくなります。
・音楽の教科書があれば、それをおいておくとイメージがつくりやすいです。
・「オリジナルをつくりたい」という場合は、チャレンジさせてみましょう。

●参考文献・先行実践
　ラクイチ国語研究会編『中学国語ラクイチ授業プラン』（学事出版、2017年）
●アレンジ　都道府県 × 替え歌　世界の国々 × 替え歌

時代の替え歌をつくろう　[生徒作品例]

■生徒が作成した歌詞の例

鉄砲持って南蛮人　種子島
堺や　国友　作られ始めた
信長使ってるぅ～　長篠で活躍～
ルルルるるる～　合戦大変化～
（アニメの主題歌をイメージ）

家康くん　秀忠くん　家光くんと　家綱くん　お犬将軍綱吉くん
家宣くん　家継くん　吉宗家重家治くん　大御所政治の家斉くん
家慶くん　家定くん　長州征討家茂くん　最後の将軍慶喜くん
（「ももたろう」）

元軍が来た　どこに来た　博多に来た
文永の役　弘安の役　暴風雨
ペリー来た　ペリー来た　どこに来た
浦賀来た　4隻来た　和親条約～
（「はるがきた」）

旧石器　縄文　やーよい　古墳　あーすか　なーらは　平安　鎌倉
室町　あーづち桃山　えーど　たいしょうわ　平成
（「雪やこんこん」）

聖徳太子はとってもすごい
十人同時に聞こえます
聞こえます
（「あかとんぼ」）

時は645年　蘇我入鹿といううんが
中大兄皇子と鎌足に　クーデターで殺された
（「ふるさと」）

唐さん　唐さん　歴史が長いのね　そうよ　漢さんも長いのよ
（「ぞうさん」）

時代の替え歌をつくろう

クラス（　　）番号（　　）氏名（　　　　　　　）

学習した単元をもとに、替え歌を作成してみましょう。
楽しみながら、その時代の知識を理解しましょう。

例：「ふるさと」の替え歌で「いなさく」（テーマ：弥生時代の稲作）

稲をつくり　収穫
弥生土器は　煮炊きに
鉄と青銅　使いて
やがてクニが　成立

《作成の手順》

①時代や分野、テーマ
[　　　　　　　　　　　　　　　　　　　　　　　]
（ある事件、人物の一生などテーマとなるものを中心に歌詞をつくってみるのもよいでしょう）

②歌詞で登場させたい歴史用語（出来事、事件、戦争、人物）、時代を感じさせる言葉、人、年号などを教科書を見て書き出そう。
（できるだけ多く書き出しましょう。人物や民衆などの気持ちになって寄り添って考えてみると、歌詞に表現しやすいかもしれません）

③歌詞を書いてみよう
さあ、歌詞を書いてみよう（欄が不足した場合は裏面も活用しましょう）

小・中学校で歌う童謡唱歌「浜辺の歌」「赤とんぼ」「夕焼け小焼け」「夏の思い出」「荒城の月」「夏は来ぬ」「はるがきた」「とんぼのめがね」「ちいさいあきみつけた」など

23 この自己紹介は誰でしょうクイズ

歴史上の人物 × 自己紹介クイズ

　歴史人物になったつもりで、自己紹介の文章をつくらせます。作成後、グループで見せ合い、どの歴史人物の文章をつくったかをあてさせます。回収した発言集でクラス別プリントをつくり、学習内容を人物を中心に確認させることもできます。

準備するもの　教師：ワークシート　生徒：教科書、資料集（あれば便利）

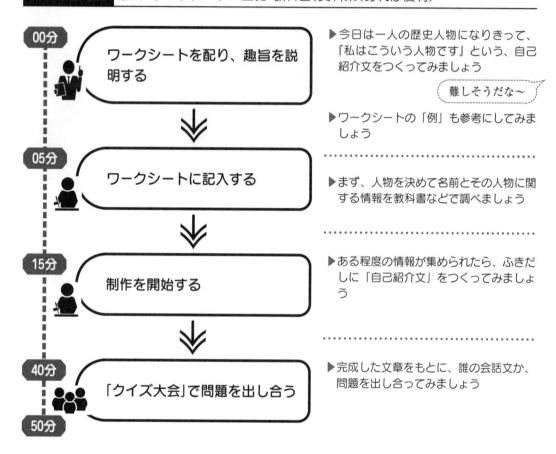

ポイント

・はやり言葉などで口語文をつくらせてもよいと思います。（ニュアンスの機微にもアドバイスしてあげるとよいでしょう）
・辞書を利用させてもよいでしょう。人物事典があると便利です。
・本人の発言としてでなく、その時代を生きた民衆や、事件・合戦の目撃者という形式で発言集をつくることもできます。

●アレンジ　都道府県 × 自己紹介クイズ　中央省庁 × 自己紹介クイズ

この自己紹介は誰でしょうクイズ

クラス（　　　）　番号（　　　）　氏名（　　　　　　　　　）

■例

① 「私は、仏教が日本に来たときの天皇の子です。初めて女性で天皇の位についたんです。
冠位十二階や憲法十七条は私が天皇のときにつくられたのですよ。すごいわよね。」

（答：推古天皇）

② 「私の家は、後に摂政・関白を務めることになりました。天皇家の一族とともに、蘇我氏
を滅ぼしたので、死去した際に、藤原の姓を賜わったんです。本当に嬉しい！」

（答：中臣鎌足）

自分でもつくってみよう

ここから下を隠してみんなに出題してみよう

- -

選んだ人物の名前

人物に関する情報　　（生没年・主なできごとなど）

24 年号 × 語呂合わせ
年号暗記法を自分でつくってみよう

学習参考書でよく見かける「年号暗記の語呂合わせ」をつくらせます。歴史的背景などを考えた語呂合わせを作成する作業を通じて、受け身で覚えるのではなく主体的に歴史知識を整理する力を養います。

準備するもの 教師：ワークシート　生徒：教科書、資料集

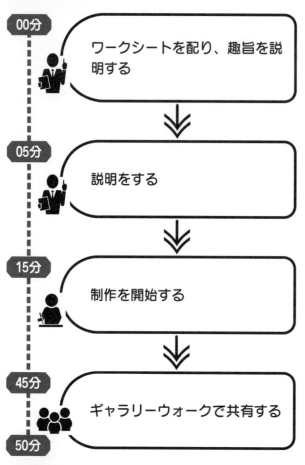

00分 ワークシートを配り、趣旨を説明する
- ▶歴史学習の際に「年号暗記の語呂合わせ」を知っている人も多いと思います
  - 「いい国（1192）作ろう鎌倉幕府！」
- ▶有名ですね。本日の授業では、いくつかのヒントを元に、皆さんオリジナルの年号暗記の語呂合わせを作成してみましょう

05分 説明をする
- ▶数字をどの様に音として読み替えられるか、パターンを参考にしましょう
- ▶七五調、五七五調を基調に、文の内容もできるだけ事項の内容に関連するようにしましょう

15分 制作を開始する
- ▶では、それぞれ取り上げたいできごととその年号を考えてみましょう
- ▶みんなが使いやすそうな年号もいくつか黒板にあげてみます
  - 語呂合わせは文の終わりとかでもいいですか？
- ▶はじめがわかりやすいと思いますが、例のように場所を変えてもいいですよ

45分 ギャラリーウォークで共有する
- ▶完成した作品をみんなで見せ合いましょう

50分

ポイント
- ダジャレなども加えてみると面白くなります。
- 有名な完成例をいくつか挙げて、実例を分析して、作成する手順に入るとイメージしやすいと思います。

●参考文献・先行実践
　学研教育出版編『中学歴史年代暗記141 新装版（まんが攻略BON!）』（学研、2012年）など
●アレンジ　各国の人口 × 語呂合わせ　日本国憲法 × 語呂合わせ

年号暗記法を自分でつくってみよう

クラス（　　　）　番号（　　　）　氏名（　　　　　　　　　）

学習参考書でよく見かける「年代暗記の語呂合わせ」。誰かが作成した語呂合わせを受け身で覚えるのではなく、自分たちで歴史的背景などを考えた語呂合わせを作成してみましょう。

1. 数字についての読み方のパターンを知りましょう。

1	ヒ	ビ	ヒト	ヒド	イ	イチ	イツ	イッ	イン	ワン
	ヒトツ	ハジメ	ハジマ	イー						
2	フ	ブ	ニ	ジ	ツ	ツー	フタ	ツウ		
3	ミ	サン	ザン	サ	サー	ザ	ミツ	ミン	ミイ	
4	ヨ	シ	ジ	ヨウ	シン	フォー				
5	イ	イツ	コ	ゴ	ゴン	コウ	ゴウ			
6	ム(ン)	ムツ	ロ	ロウ	ロク					
7	ナ	ナナ	ナン	シチ	セブン	ネ				
8	ヤ	ハ(ワ)	パ	バ	パツ	ハチ	ヤッ	ワ	エイト	
9	ク	グ	グウ	キュウ	ココ	コウ	ナイン			
0	レ	レイ	マル	ゼロ	ナシ	ワ(ハ)	オ(ヲ)	オー	オウ	
10	トオ	トウ	ジュウ	ト	テン					

※1・5をともに「イ」「イツ」、2・4をともに「ジ」、8・0をともに「ワ」とよむ場合があることに注意しましょう。
※「19」であれば「いく」「ひく」「とく」「ひどく」などと読めます。

2. つくってみましょう。

例	音		む		ね		に	
	西暦		6		7		2	年

できごと　壬申の乱

暗記法の語呂合わせ文章　　天下獲る「胸に（むねに）」壬申の乱

①	音			
	西暦			

できごと

暗記法の語呂合わせ文章

②	音			
	西暦			

できごと

暗記法の語呂合わせ文章

25 歴史上のできごと × 推理ゲーム
この歴史用語はなんだ？

　とある歴史的な事件や事象などに関する用語に対し、連想する言葉を言っていき、回答者役の生徒に元になった用語を推理させるゲームです。歴史的知識を活用しながら、様々な情報を取捨選択させ、逆連想ゲーム的に一つの歴史用語を推論する力を養います。

準備するもの　教師：ワークシート、メモ用紙（B7程度の小さなものを班数×2〜3枚）　生徒：教科書、資料集

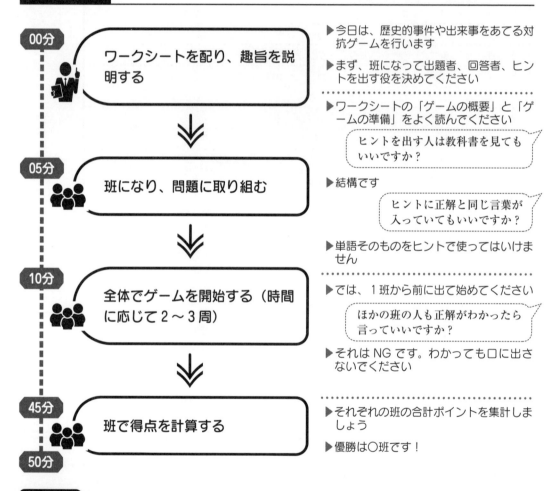

00分　ワークシートを配り、趣旨を説明する
- ▶今日は、歴史的事件や出来事をあてる対抗ゲームを行います
- ▶まず、班になって出題者、回答者、ヒントを出す役を決めてください
- ▶ワークシートの「ゲームの概要」と「ゲームの準備」をよく読んでください
  - 「ヒントを出す人は教科書を見てもいいですか？」
- ▶結構です
  - 「ヒントに正解と同じ言葉が入っていてもいいですか？」

05分　班になり、問題に取り組む
- ▶単語そのものをヒントで使ってはいけません

10分　全体でゲームを開始する（時間に応じて2〜3周）
- ▶では、1班から前に出て始めてください
  - 「ほかの班の人も正解がわかったら言っていいですか？」
- ▶それはNGです。わかっても口に出さないでください

45分　班で得点を計算する
- ▶それぞれの班の合計ポイントを集計しましょう
- ▶優勝は○班です！

50分

ポイント
・単純な逆連想で終わらせるだけでなく、「自分ならどうしますか」というように一文の記述の幅を広げることもできます。例えば「摂関政治」なら「貴族になりたい」「政権を天皇（自分）は取り返したい」「金持ちになる」というように。ただし、難易度は上がります。

●アレンジ　統計 × 推理ゲーム　　時差と気温 × 推理ゲーム

この歴史用語はなんだ？

クラス（　　）　番号（　　）　氏名（　　　　　　　）

> ゲームの概要

ある事件歴史的・できごとに関する歴史用語を友だちのヒントを元に当てるゲームです。
班の中で「出題者」「回答者」「ヒントを出す人」の役割を決めて、前に出てきてクイズ番組形式で行います。得点が高い班が優勝です。

> ゲームの準備

①班になって役割を決める。
①「出題者」がメモ用紙に一つだけ歴史ワードを書く。（右の例を参照）
②「ヒントを出す人」は、そのワードに関連する良いヒントを <u>2つずつ</u> 考える。
　（「回答者」は答えを見てはいけません）
　　（例）答えが【摂関政治】の場合のヒント
　　「藤原氏の政治」「藤原道長が有名」「外戚政治です」「平安時代」など…

（例）
摂関政治

出題者	回答者	ヒントの人①	ヒントの人②	ヒントの人③	ヒントの人④

※人数が少ない場合は、出題者はヒントを出す人（最後）と同じでもよいです。

> ゲームの本番

班ごとに前に出てきて行います。
①「ヒントを出す人」が、一人ずつ順番にヒントを言う。
②「回答者」はヒントを元に、答えを推理する。わかった時点で手を挙げて答える。
③初回で正解できたら2点、2ターン目の正解なら1点。
④3回以上お手付きするか、2ターンで回答できなかった場合はアウト（0点）。
「出題者」が答えを発表し、次の班にうつる。

26 歴史上の人物 × プロフィール帳
プロフィール帳を書いてあげよう

　歴史上の人物の立場でプロフィールを書く活動です。それぞれの人物の生い立ち・事績を調べさせ、プロフィール帳としてまとめます。ポップにまとめることでその人物を印象づけることができます。

準備するもの　教師：ワークシート、百科事典、社会科用語集　生徒：教科書、ノート、資料集

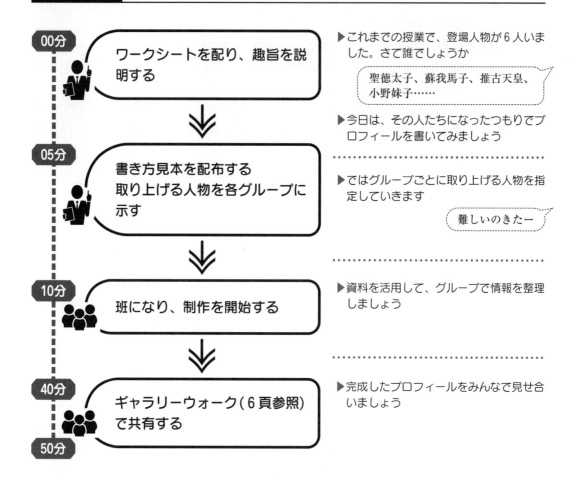

ポイント
・ワークシートは下書き用と清書用があると便利です。
・完成したプロフィール帳は、ギャラリーウォーク以外にも印刷し配布するなどして『人物事典』として活用することができます。

●アレンジ　世界の国々×プロフィール帳　中央省庁×プロフィール帳

プロフィール帳を書いてあげよう

クラス（　　）番号（　　）氏名（　　　　　　　　）

プロフィール

- 名前　_____
- 出身　_____
- メールアドレス　_____＠history.legend.com
- 誕生日　_____
- 仕事・役職　_____

にがおえ

思い出 BEST3

1. _____　いつ？　_____
   - どんなできごと？　_____
2. _____　いつ？　_____
   - どんなできごと？　_____
3. _____　いつ？　_____
   - どんなできごと？　_____

プロフィール帳を書いてあげよう［作成例］

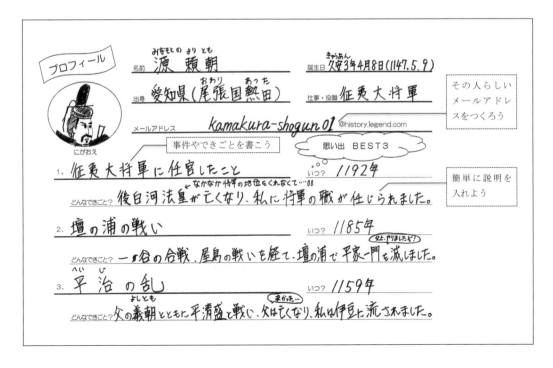

27 歴史上のできごと × 3ヒントクイズ
このできごとは何だ？

　歴史上のできごとについてクイズをつくる活動です。できごとがおこった年号（年代）、かかわった人物、概要を表す3つのヒントをつくって出題することを通して、そのできごとについての基本的な知識の整理ができます。

準備するもの　教師：ワークシート、歴史上のできごとを書いた用紙、A4の紙3枚×班数分、マーカー　生徒：教科書、資料集など

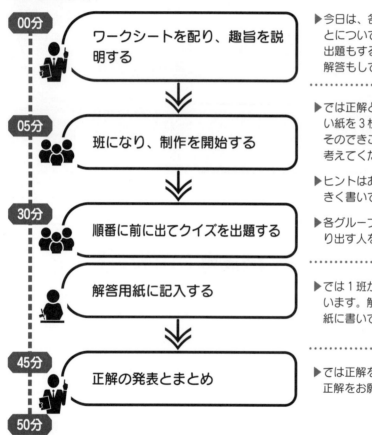

ポイント
・ヒントは紙芝居の要領で1枚ずつ貼り出していくと、テンポよく進みます。
・ヒントを書く用紙はA4サイズが後ろでも見やすいです。
・発展学習として、他のグループが担当したできごとについても、各自でヒントをつくって復習するという方法もあります。

●参考文献・先行実践
　川嶋直・皆川雅樹『アクティブラーニングに導くKP法実践：教室で活用できる紙芝居プレゼンテーション法』（みくに出版、2016年）
●アレンジ　都道府県 × 3ヒントクイズ　　歴史上の人物 × 3ヒントクイズ

このできごとは何だ？

クラス（　　　）　番号（　　　）　氏名（　　　　　　　　　　）

出題作成の手順

一つのできごとについて、3つのヒントを考えて紙に書く

例：「承久の乱」が解答の場合

1221 年	後鳥羽上皇	幕府に対して挙兵

※ ヒントは、「そのできごとがおこった年号（年代）」「かかわった
　　人物」「できごとの概要」を取り上げるとつくりやすいです。

解答用紙

	解　答
第1問	
第2問	
第3問	
第4問	
第5問	
第6問	
第7問	
第8問	
第9問	
第10問	

28 歴史的事件 × 4コマ漫画
歴史上のできごとを4コマ漫画に

歴史 70

歴史上の事件や状況を4場面に集約し、絵と簡単なセリフ、文章によって説明する4コマ漫画を作成させます。歴史事象を4場面に集約し、適切な解説やセリフを考えることを通して、内容の本質を考え、歴史の流れを整理させることが目的です。

準備するもの 教師：ワークシート（または4枚のB5白紙） 生徒：教科書、資料集、色彩具など

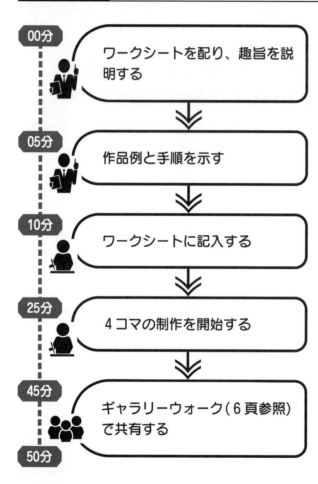

ポイント
・今回事例で出した「蒙古襲来」のほか、「大化の改新」「承久の乱」「日清戦争」「日露戦争」「第一次世界大戦」など原因・状況・結果がわかりやすいものは、作品として仕上がりやすいと思います。

●アレンジ 日本国憲法 × 4コマ漫画 身近な地域 × 4コマ漫画

歴史上のできごとを4コマ漫画に

クラス（　　）　番号（　　）　氏名（　　　　　　　）

① 歴史事象・事件を4コマ漫画で表現してみましょう。（2コマ、3コマで終わってもよい）
② 絵が苦手な人は、漫画家に指示書を渡すような気持ちで、線や丸で人物を表現して、言葉などで4コマを書いてみましょう。

選んだ事件【　　　　　　　　　】

1. 教科書を見ながら、その事件に関する情報を4つ書き出してみましょう。
   ①
   ②
   ③
   ④

2. 4コマ漫画にしてみよう！

①　②

③　④

歴史上のできごとを4コマ漫画に [作品例]

例①「保元・平治の乱」

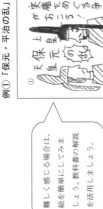

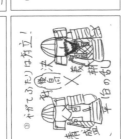

難しく感じる場合は、絵を簡単にしてみましょう。教科書の解説を活用しましょう。

絵を多く入れなくてもよいです。丸や線を使ったりして言葉で表現してみましょう。

例②「応仁の乱」

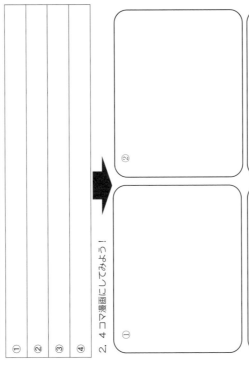

29 各時代 × 漢字1字 私の「時代の漢字」

生徒に時代の様々な特徴をいろいろと挙げさせ、その後で時代の特徴を総合的に考える漢字1字を示させます。周りと意見を交換し、時代の特徴をまとめさせることを通じて、表現力・理解力を高めることを目的とします。

準備するもの 教師:ワークシート 生徒:教科書、資料集

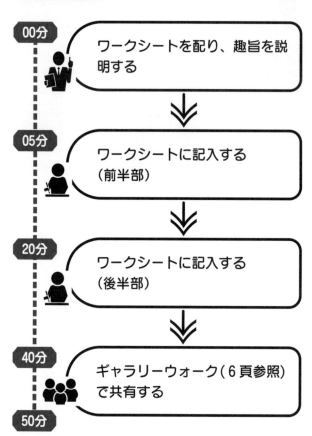

- 00分 ワークシートを配り、趣旨を説明する
  - ▶今まで室町時代を学習してきましたね。室町時代の代表的なできごとは何だったと思いますか
  - （応仁の乱。金閣！）
- 05分 ワークシートに記入する（前半部）
  - ▶今日はみなさんの今まで学習した室町時代の知識をもとに、室町時代を示す究極の1字をみんなで考えてみましょう！
  - ▶自分がこの時代を通して、「重要だ」と感じた言葉をできるだけ多く書き出してみましょう
  - （資料集も見ていいですか？）
  - ▶いいですよ
- 20分 ワークシートに記入する（後半部）
  - ▶では、その言葉に共通する漢字を自分なりに考えてみましょう
  - ▶共通する漢字を考えることが難しい場合は、この時代に「多く使われていると思う漢字」を挙げてみましょう
- 40分 ギャラリーウォーク（6頁参照）で共有する
  - ▶他の人がどんな漢字を選んだか、なぜその漢字を選んだのか共有しましょう
- 50分

ポイント

- なぜその漢字にしたのか、という理由を特に重視した活動を目指します。
- 教師も「私ならこう考える」というような漢字とその理由を考えておき、最後に示すと興味が深まります。
- 一例として、奈良時代「仏」「律」、平安時代「雅」、鎌倉時代「武」、室町時代「京」「惣」、江戸時代「身」「家」「役」などが考えられます。

●アレンジ 都道府県 × 漢字1字　世界の国々 × 漢字1字

私の「時代の漢字」

クラス（　　　）　番号（　　　）　氏名（　　　　　　　　　）

1. これからある時代について、漢字1字で表してみます。

   テーマ【　　　　　　　　】時代

2. 教科書を見ながら、以下の情報をまとめてみましょう。

政治や外交のできごと	この時代の社会や経済
この時代の人物	この時代の文化

   その他

3. 私の考える「この時代の1字」

   この1字を選んだ理由は？

30 家紋 × ロゴあてクイズ
家紋で学ぼう 大名大集合

　それぞれの家紋がどの大名家のものか、選択肢から答えさせていきます。家紋を知らずとも、教科書掲載の人物の情報を確認しながらヒントを活用すれば解けるクイズです。時間があれば家紋を創作して、さらに興味を深めることもできます。

準備するもの　教師：ワークシート　生徒：教科書、資料集

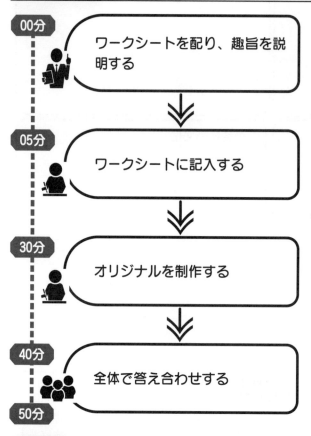

- 00分　ワークシートを配り、趣旨を説明する
  - ▶みなさんは家紋というものを知っていますか
  - ▶今日は教科書に登場する人々の「証言（ヒント）」を手がかりに、どの家紋が何家のものかをあててみましょう
- 05分　ワークシートに記入する
  - ▶教科書、資料集を使って、選択肢①～⑩が何の大名家の家紋か、ア～コの選択肢から答えましょう
  - ▶ヒント①～⑩も参考にしましょう
- 30分　オリジナルを制作する
  - ▶クイズの解答を終えた人は、オリジナルの家紋を自分自身でつくってみましょう
  - ▶自分の家の苗字の漢字などを絵や字で盛り込むと家紋っぽくなりますよ（例：小松⇒松の木、大谷⇒谷の漢字を使うなど）
- 40分　全体で答え合わせする
- 50分

ポイント
・答え合わせの際、その人物が掲載されている頁や時代など付属の情報もノートに書かせていくと、学習効果が高まります。
・ダウンロード版（127頁参照）を加工することで、家紋を特定する文章を増やしたり、減らしたりすることが可能です。
・地元の大名などの家紋を出すことで、より身近に感じさせることもできます。
・ワークシートの解答…①ケ　②ア　③オ　④コ　⑤ク　⑥カ　⑦イ　⑧キ　⑨エ　⑩ウ

●参考文献・先行実践
「家紋ドットネット」http://kamon.myoji-yurai.net（家紋の様々な情報が検索可能です）。
「家紋を作ろう」と検索すると、様々な家紋の創作事例が出てきます。
●アレンジ　都道府県 × ロゴあてクイズ　中央省庁 × ロゴあてクイズ

家紋で学ぼう 大名大集合

クラス（　　　）　番号（　　　）　氏名（　　　　　　　　　）

ヒントが重要！下記の文章①～⑩を手掛かりに、どの家の家紋かあててみよう！

①	②	③	④	⑤
⑥	⑦	⑧	⑨	⑩

＜ヒント＞

①葵紋と呼ばれる家紋。江戸時代にはこの家紋の使用は限られた大名しか使えなかったのじゃ。江戸幕府の将軍家の御紋だからな。

②丸に十の字のわが紋は薩摩藩の紋。江戸時代には琉球ともかかわりを持ったぞ。西郷隆盛や大久保利通もわが藩から出たのじゃ。

③甲斐国のわが一族。幾何学的な家紋で「割菱」とも呼ばれておる。風林火山で有名な信玄公もわが家の出身じゃ。勝頼の代に滅亡してしまったがの。

④桔梗をあしらった家紋で「桔梗紋」という。土岐源氏の出身で、本能寺の変で⑨を破ったのはわが一族じゃ。

⑤天皇家から頂いた「桐紋」じゃ。わが一族は⑨に仕えて農民出身から天下人になり、太閤検地や刀狩を行ったぞ。

⑥秀吉様の死去後、五奉行の中心として関ヶ原の戦いで西軍の中心として戦ったが敗北して京都で斬首されたぞ。

⑦わが一族の家紋は一文字の下に円形でそれぞれ描かれた三つ星。オリオン座の真中に直列する三つの星を表現しておる。わが祖先は大江広元。長州藩はわが一族じゃ。

⑧鱗をあしらった家紋で、鎌倉幕府の執権の家もこの紋を使ったのだ。小田原を本拠に関東を支配したが、1590年に秀吉に滅ぼされてしまった。

⑨わが家の家紋は瓜をあしらった家紋での、うつけといわれた尾張の戦国大名はわが家の出身。長篠の戦いでは③の一族を倒したものの本能寺で④に殺されたのじゃ。是非に及ばず。

⑩我が一族の家紋は竹に鳥類をあしらった意匠が特徴じゃ。仙台62万石。

ア　島津　イ　毛利　ウ　伊達　エ　織田　オ　武田　　カ　石田　キ　北条　ク　豊臣
ケ　徳川　コ　明智

＜答え＞

①	②	③	④	⑤
⑥	⑦	⑧	⑨	⑩

＊時間に余裕がある人は、裏面に自分の作成した「オリジナル家紋」を書いてみよう！

31 各時代 × すごろく 「天下人リレーすごろく」をつくろう

　信長・秀吉・家康の天下統一事業をすごろくの形式で表現する活動です。教科書の知識を利用し、すごろくを作成させます。活動を通して安土桃山時代を全体的にとらえなおす学習につながります。

準備するもの　教師：ワークシート、さいころ（ゲームをする場合）　生徒：教科書、資料集、色鉛筆（あれば）

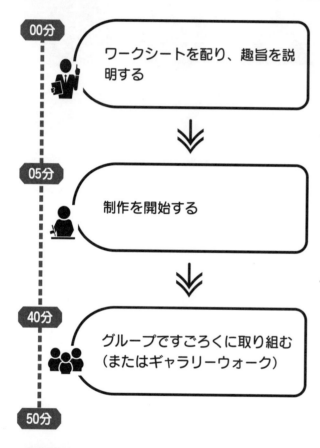

- 00分　ワークシートを配り、趣旨を説明する
  - ▶今日はいままで学習してきた、信長・秀吉・家康の天下統一事業の知識を利用してすごろくをつくってみましょう
  - ▶教科書や資料集の年表を参考にして、合戦や政策をマスに書き込みましょう

- 05分　制作を開始する
  - ▶みなさん自身の評価で、それぞれの合戦や政策に「○マス進む」「○回休み」といった言葉をつけてもいいでしょう
  - ▶3人に関連するイラストをマスの横に書いてみるのも面白いですね

- 40分　グループですごろくに取り組む（またはギャラリーウォーク）
  - ▶できあがったすごろくをグループで一つ選び、遊んでみましょう。それぞれが作ったすごろくの表現の違いに、みなさんそれぞれの、事実に対する解釈・認識の差が表現されていますよ

- 50分

ポイント
- 「2マス進む」「1回休み」「ふりだしに戻る」などいろいろなパターンを入れると、楽しくすごろくができます。
- 「項目シート」（マスに入れたい情報）を配布して一部の項目の情報をあらかじめ教えるなど、アレンジし難易度を工夫することもできます。

●参考文献・先行実践
　ラクイチ国語研究会編『中学国語ラクイチ授業プラン』（学事出版、2017年）
●アレンジ　都市名 × すごろく　エコ問題 × すごろく

「天下人リレー すごろく」をつくろう ［記入見本］

ふりだし
信長、桶狭間の戦いで勝利！（1560年）

2マスすすむ

天下布武を表明

京都に上洛

足利義昭を15代将軍に

室町幕府を滅ぼす

長篠の戦い

比叡山を焼き討ち

一向一揆を屈服させる

安土城を築く

楽市楽座

本能寺の変

秀吉、明智光秀を倒す

大坂城を築く

朝廷から関白に任じられる

北条氏を滅ぼす

刀狩りを行う

太閤検地を行う

バテレン追放令

文禄・慶長の役

秀吉死去

関ヶ原の戦い

家康、征夷大将軍になる

あがり
大坂冬の陣・夏の陣で勝利し天下を統一！（1615年）

信長・秀吉・家康の3人の天下統一の流れを、すごろくにまとめてみよう。

「天下人リレーすごろく」をつくろう [項目シート]

・楽市楽座
・刀狩りを行う
・本能寺の変
・太閤検地を行う
・室町幕府を滅ぼす
・関ヶ原の戦い
・秀吉、明智光秀を倒す
・家康、征夷大将軍になる
・朝廷から関白に任じられる
・信長、桶狭間の戦いで勝利

・一向一揆を屈服させる
・長篠の戦い
・京都に上洛
・大坂城を築く
・安土城を築く
・文禄・慶長の役
・秀吉死去
・北条氏を滅ぼす
・大坂冬の陣・夏の陣

「天下人リレーすごろく」をつくろう

クラス（　　）　番号（　　）　氏名（　　　　　　　）

ふりだし
信長、桶狭間の戦いで勝利！（1560年）

天下布武を表明

2マスすすむ

足利義昭を15代将軍に

比叡山を焼き討ち

放送告知　バレン造

あがり
大坂冬の陣・夏の陣で勝利し天下を統一！（1615年）

信長・秀吉・家康の3人の天下統一の流れを、すごろくにまとめてみよう。

32 各時代 × イメージ画
時代のイメージ画を描こう

　授業で学習した時代を背景として、その時代にあうイメージ画を考えさせる活動です。活動のなかで情景や人物のイメージを膨らませたり、歴史的事実や状況に関して、大切だと思う場面を選択したりする力を養わせることが目的です。

準備するもの　教師：ワークシート　生徒：教科書、資料集

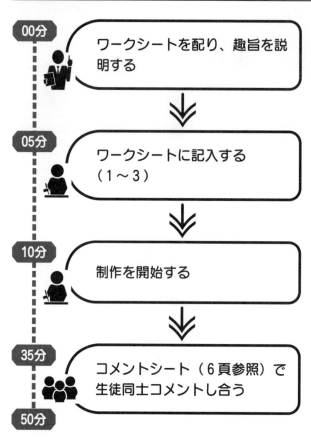

- 00分　ワークシートを配り、趣旨を説明する
  - ▶本日は、みなさんに教科書作成者になったつもりで、教科書の様々なページに挿絵（カットイラスト）を入れてもらいます
  - ▶題材は今回学習した「○○時代」です
- 05分　ワークシートに記入する（1〜3）
  - ▶教科書の記述の中で特に大切だと思う部分、ここは絵にして表現したいという部分を思い浮かべてみましょう
- 10分　制作を開始する
  - ▶自分ならどの歴史用語や状況について、どんな絵を描くか考えてみましょう
  - （絵を描くのってむずかしい！）
  - ▶絵が苦手な人は、図形やシルエットなどでもいいですよ
- 35分　コメントシート（6頁参照）で生徒同士コメントし合う
  - ▶班になって回して見せ合い、何時代かあててもらいましょう
  - ▶ワークシートに一言ずつ、感想と名前も書いてもらいましょう
- 50分

ポイント
- イメージ画の意図や、なぜそのイメージ画を重要だと思ったのか、ということを説明できるように、生徒に促すと理解が深まります。
- 現在の新聞の政治欄などに掲載されるような、風刺的な絵を参考にすることもできます。
- 絵が苦手な生徒には、イラストレーターに絵を発注するつもりで、どんな絵を書いてほしいかの指示書きを書くだけどもよいとし、参加を促します。

●アレンジ　世界の国々 × イメージ画　　日本国憲法 × イメージ画

時代のイメージ画を描こう

クラス（　　　）　番号（　　　）　氏名（　　　　　　　　　　）

1．取り上げる時代と単元を記しておきましょう。

時代【　　　　　　　　　】　単元【　　　　　　　　　　　　】

2．イメージ画として表現しやすい部分、挿絵に上げるべき箇所を考えましょう。

ヒント：教科書の中で特に大切だと思う部分、表現したい風景・状況はどこですか？

3．何ページに掲載したいですか。　　教科書【　　　　　　　】ページくらい

4．実際に書いてみましょう。（一枚にいろいろ盛り込もう）

ヒント：絵が難しい人は、図形やシルエット、矢印や言葉で示してみましょう。

5．みんなの感想をもらいましょう。

みんなのワークシートを交換して、お互いに感想を書き合いましょう（いいところを記そう！）

感想：　　　　　　　　　　　　　　　　　　　　　（　　　　　　　）より

感想：　　　　　　　　　　　　　　　　　　　　　（　　　　　　　）より

感想：　　　　　　　　　　　　　　　　　　　　　（　　　　　　　）より

感想：　　　　　　　　　　　　　　　　　　　　　（　　　　　　　）より

33 政治改革 × ランキング
みんなで「幕府の改革」を考えよう

　生徒自身が幕政担当者になった想定で、一般的な政策の中から自分の考える「優先順位」を決定させます。その後実際の改革を確認する中で、自分の考え方に近い人物を探させる活動です。幕政改革への理解を深めさせ、当事者意識と興味関心を涵養します。

準備するもの　教師：ワークシート、ストップウォッチ　生徒：教科書、資料集

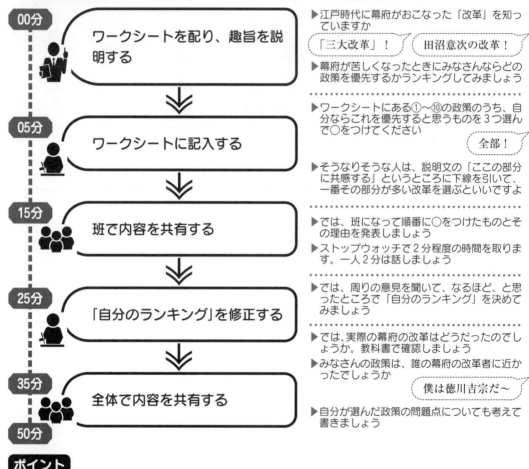

ポイント

・幕府の改革の授業に入る前でも、授業を終えた後でも、実施可能です。
・各政策がどのような意味があるのか、目的や効果などを生徒同士で考えさせ、意見交換をさせるなどの時間を取ると内容への理解が更に深まります。
・実際の幕政改革では①〜⑩の全てを実施していること、それでも幕府は窮乏していったことに最後に触れ、更に深い背景を考えさせることもできます。

●参考文献・先行実践
　北村明裕編著『こども熱中！中学社会「活用・探究力」書き込み習得ワーク47』（明治図書、2012年）
●アレンジ　エコ問題 × ランキング　政治 × ランキング

みんなで「幕府の改革」を考えよう

クラス（　　）　番号（　　）　氏名（　　　　　　）

　江戸時代中後期になると、幕府では幕府の政治・経済を立て直す、「幕政改革」が実施されています。みなさんは幕府を立て直すためには何が重要（効果がある・すぐれている）と思いますか。幕政改革について、考えてみましょう。

1. どの政策が優れていると思いますか。－あなた個人としてはどの政策を進めますか

政策項目	どんな政策か
①大名から税を取る	大名（藩）に対して幕府への税を要求します。幕府に協力するのは大名なら当然。収入の一部を幕府にも。
②農民から税を取る	幕府の領内（幕領）においての農民への増税を検討します。農民の税の取り方を工夫し、幕府の収入を増やします。
③商人から税を取る	商人に対し様々な理由で税を取ります。商人のもうけを幕府の収入にしていこう。
④農地を増やす	農地を増やし、年貢の収入を増やします。年貢の増収は幕府の収入増加につながります。
⑤朝廷と仲良くする	天皇・朝廷との関係を強化し、将軍の「権威」を強め、藩・庶民に将軍の偉大さを示します。
⑥貿易収入を増やす	長崎や対馬、アイヌなどとの貿易を強化して収入を増やします。幕府が貿易を独占します。
⑦貨幣をつくり変える	貨幣をつくりかえて、幕府の持ち金を増やします。
⑧倹約する	財政支出を減らし、幕府のお金を貯蓄します。
⑨新たな特産品を増やす	高価な農産物や特産品をつくり、収入源を増やします。朝鮮人参などを自分たちでつくります。
⑩将軍の力を見せつける	参勤交代を厳しく行わせ、将軍の軍事力を見せつけ、将軍の力を再認識させ諸藩を従わせよう。

2. 自分のランキング（自分はどの改革をやって幕府を立て直したいですか）

1位	2位	3位	選択の理由

3. 実際の幕政改革はどうだったのか

（教科書を参照し、わかる範囲で上の番号①〜⑩を下記の改革担当にあてはめてみよう）

徳川吉宗	田沼意次	松平定信	➡	自分が近いのは…
				！

4. 自分が選んだ政策の問題点はなんだろう（誰が不満を持つだろう…）

34 近代 × 入試問題
近代の入試問題にチャレンジ

明治時代の入試問題3題を選んで解答させ、当時と現在との問題の違いなどに触れさせていきます。問題を解きながら、求められる学生像や知識が変化してきたこと、あまり利用されなくなった知識・数量単位などが使われていたことにも気づかせることができます。

準備するもの 教師：ワークシート　生徒：なし（教科書、資料集、電卓があると便利）

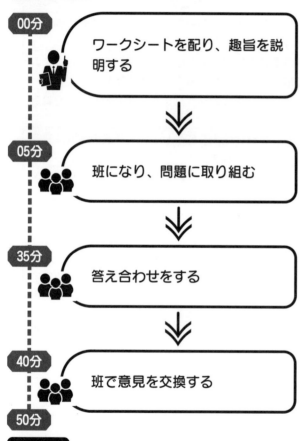

時間	活動	声かけ
00分	ワークシートを配り、趣旨を説明する	▶明治時代の入試問題ってどんなものだったのでしょうか ▶今日は明治時代に求められた「学力」はどんなものだったかについて考えてみましょう
05分	班になり、問題に取り組む	▶いくつかある問題の中から「今の問題と違う」と感じる問題を3つ選んで、協力しながら解いてみましょう ▶なぜ、その問題が違うと感じたのかの理由も考えてみましょう
35分	答え合わせをする	▶では、答えを配ります。間違っていた問題は、答えをみてもう一度チャレンジしてみましょう
40分	班で意見を交換する	▶解答してみて感じたこと、今の入試問題と違うところをできるだけ多く書いてみましょう ▶グループで、明治時代によい成績を取るためには何が必要だったのか意見を交換しましょう
50分		

ポイント
・算数の問題は連立方程式の方法で解答することが可能です。
・国語の問題は漢字が現在よりも難しい問題が多いことを生徒に気づかせます。
・社会は教科書・地図帳を見て解答することが可能です。

●参考文献・先行実践
・問題は「国立公文書館デジタルアーカイブ」から参照可能、他の問題も数多く紹介されています。（URL：www.digital.archives.go.jp）
・ワークシートの問題は高田中学修養会文芸部『最近新潟県下中等諸学校入学試験問題集』（明治39年11月）、武藤康史著『旧制中学入試問題集』（ちくま文庫、2007年）などを参考に一部改変して作成しています。
・度量衡の解説は永原慶二監修『岩波日本史辞典』（岩波書店、1999年）、日本史広辞典編集委員会編『日本史広辞典』（山川出版社、1997年）など。

●アレンジ（※ハード項目）　数学 × ※入試問題　漢字問題比較 × ※入試問題

近代の入試問題にチャレンジ [解答例]

■国語科

①・左のヒラガナニ適当ナ漢字ヲ当ツベシ
・左のカタカナニ適当ナ仮名ヅカイヲ当ツベシ

① トンコエ（鶴越）
② ヂリョコヨダン（旅行団（團））
③ ゴウセイ（混成）
④ キキン（東北飢饉）
⑤ ベンゴシ（弁（辨）護士）

⑤ 左の傍線部のある文字に、読み仮名を附け、全文を解釈しなさい。

（本文）
かねてより一旦いよいよ死を防禦に死すべしと定めたれども、だんだん砲弾が落ちて来まして、防御に必死とならんければならず、食糧は各国を占領しつつ尽き、兵士らはやうやう死傷者を増し、負傷者はだんだんと、太沽北京陥らんとす。旅順は勇気百倍して七月頃より、天津も十三日だ、北京は十四日だ、と報じ来り、なほ翌日頃にはもう防御に必死の情報を、その八月つひに北へ死守防報月つひに……

答：（例）
はじめは必死に防御せんとしてゐたが、だんだん砲弾が落ちて来て、人心一時に防御必死となり、食糧はだんだん尽きて来ますし、負傷者は増えて来ますし、各国の兵は勇気百倍し、太沽も陥り、旅順も陥り、天津も十三日、北京も十四日、と報道が到達すると、勇気百倍となり、とうとう北京陥落した。人々はこれを喜んだ。死を防御に死すべしと覚悟してゐたが、必死の防報が来ると、その八月つひに北京は陥落した。

⑥ 左の明治三十八年三月の我軍奉天攻撃を述べたる文を解釈せよ。

（本文）
天明のため弾薬糧食とも我軍は死を以て防禦し、露軍破竹の勢にて攻撃せしも我軍必死に防ぎ、露戦死傷続出したれど本営に帰し、敵は死に多く陥り……

答：（例）
明治三十八年三月に我軍は奉天を攻撃し、露軍は竹を破る勢にて防禦に必死にして全く死に入り、戦闘に負傷・戦死多く陥つた。ロシア軍の本営を奉天に奪ひ、弾薬・食料も完全に我軍の陥るところとなり、アジア軍を撃ちし勢に入つた。

■数学科

⑦ 五千五百六十四圓六十三銭六厘が百八十七個ある中の一個は幾らか、一銭=十厘を単位とし式をつくり計算せよ。

解説：5564.636（圓）÷30.80（圓）=180.67（個）

答：百八十七個

⑧ 學校にて毎日（土曜日も）五時間の授業あれど、但し日は正味時間、日曜日は休み時間は何分なるか、と云ふ。

答：廿三時間　廿分（二五〇分）

⑨ 一俵三圓廿五銭の大麦を世七俵、小麦を廿五俵買ひ、之を一俵三百五十圓九十六圓にて賣る。時は利益ある程は何程ぞ。

解説：3.25圓／俵×37俵+3.96圓／俵×25俵
=120.25圓+99圓=219.25圓
利益　収入支払=250-219.25=30.75圓

答：三〇圓（円）七五銭

⑩ 金百五十圓七十五銭を甲乙丙三人に分ち、甲前は乙前より六十三圓多く、乙前は丙前より五圓三十五銭多しといふ。此の取前は如何の如し。

解説：丙の取前をx（圓）とすると、63+(x+5.35)+x=150.75という方程式が立てられるので、これを解けば、x=41.2（圓）

答：四十一圓二十銭

■歴史科

⑪ 関ヶ原の戦いについて知る所を記せ

答：慶長五年（西暦一六〇〇年）に石田三成率いる西軍と徳川家康率いる東軍が関ヶ原で戦った。

⑫ 参勤交代とは如何なる事なりや

答：各藩の藩主を定期的に江戸に出仕させる江戸幕府の法令なり。

⑬ 寛政の三奇人の名を記せ

答：林子平・高山彦九郎・蒲生君平

⑭ 憲法の発布せられたるは、明治何年何月何日か

答：明治廿二年二月十一日

■地理科

⑮ 三條（新潟県）より東京に至る（鐵道）通過する府県名を記せ

答：新潟→長野→群馬→埼玉→東京
（新潟→長野→山梨→東京）

⑯ 左の地について知る所を記せ　佐世保

答：鎮守府（海軍の重要な港）が置かれている軍港。

近代の入試問題にチャレンジ

クラス（　　）番号（　　）氏名（　　　　　　　　）

　明治時代の入試問題ってどんなものだったのでしょうか。いくつかある問題の中から「今の問題と違うな」と感じる問題を①〜⑯から３つ選んで、みんなで協力しながら解いてみましょう。

　解答できたら、取り組んでみて感じたことや、いまの問題と違うところや明治時代に求められた「学力」についても考えてみましょう。

　※当時の雰囲気を体感できるように、漢字・送り仮名・用字も旧字体（当時のまま）になっています。

■国語科

左の仮名に適当の漢字を当つべし

① ヒョドリゴエ　② コンセイリョウ

③ トーカッキン　④ ベンゴシ

⑤ 左傍線部のある文字によみを附け全文を解釈しなさい

　かく必死なりて防禦につとめたれども日をふるにしたがいて死者は生じ負傷者は殖え糧食はやうやくつきなんとすしかるに太沽をおとし七月十八日には各国の兵をもて天津を占領せりこの報来り三四日頃北京に達すべしとの報来りまた翌月十日には北京に達すべしとの報来り人々は勇気百倍して益々防禦につとめたり

⑥ 左の文を解釈すべし

　明治三十八年三月我軍は破竹の勢を以て奉天なる露軍を攻撃せり露軍は必死に防禦したれども戦死負傷續出し本營全く陷り多くの弾薬糧食我軍の手に帰したり

■数学科

⑦ 五千五百六十四圓六十三銭六厘の中には三十圓八十銭が幾らあるか圓を単位としたる式を作りて計算せよ（※一圓（円）＝百銭、一銭＝十厘）

⑧ 學校にて毎日（土曜日も）五時間の授業あれども一時間の授業の正味は四拾五分なりと云う。然らば一週間の正味の授業時間は何程であるか。但し日曜日は休み

⑨ 一表に三圓二十五銭の大麦世七表と三圓九十六銭の小麦廿五表を買ひ之を二百五十圓に賣る時は何程の利益あるか

（廿＝二十、世＝三十）

⑩ 金百五十圓七十五銭を甲乙丙三人に分るに甲の取前は丙の取前より五圓三十五銭多しという乙の取前は如何

■歴史科

⑪ 関が原の戦いについて知る所を記せ

⑫ 参勤交代とは如何なる事なりや

⑬ 寛政の三奇人の名を記せ

⑭ 憲法の発布せられたるは、何年何月何日か

■地理科

⑮ 三條（新潟県）より東京に至るに通過する府県名を記せ（鐡道）

⑯ 左の地につき知る所を記せ

　佐世保

〈感じたこと・いまと違うところ〉

解答用紙

①		②		③		④	
⑤							
⑥							
⑦							
⑧							
⑨							
⑩							
⑪							
⑫							
⑬							
⑭	明治		年		月		日
⑮							
⑯							

35 各時代 × 漢字1字
戦後で最も熱かった一年

　日本漢字能力検定協会が毎年実施している「今年の漢字」を活用し、最近数年間の「今年の漢字」の解答後、戦後史の中から最も重要な一年はどれかを選択させ、その年の漢字を考えさせる活動です。選択する過程で戦後史を俯瞰させつつ理解させることができます。

準備するもの　教師：ワークシート　生徒：教科書

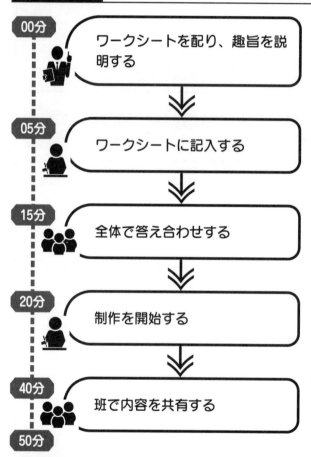

時間	活動	発問・指示
00分	ワークシートを配り、趣旨を説明する	▶みなさんは「今年の漢字」を知っていますか（知っている。去年は○だった！） ▶では、ワークシートにある過去8年分の漢字クイズを解いてみましょう
05分	ワークシートに記入する	▶年表のできごとをヒントに、その年の「1字」が何だったか、その理由も考えて、あてはめてみましょう
15分	全体で答え合わせする	▶それでは、答えを発表します（①金②安③税④輪⑤金⑥絆⑦暑⑧新） ▶では、次はみなさん自身に戦後史の中で最も大切だと感じる1年と、それにふさわしい「1字」を考えてほしいと思います
20分	制作を開始する	▶教科書の本文・年表に掲載されている情報のみを活用してください ▶なぜその「1字」にしたのか、理由も考えておいてくださいね
40分	班で内容を共有する	▶では、班の中でそれぞれ1分程度、選んだ年代と漢字、その漢字にした理由をプレゼンして、情報交換をしましょう
50分		

ポイント
・日本漢字能力検定協会ホームページ内の URL にある表をコピーし、答え合わせの際に生徒に示すとイメージが更に湧きやすくなります。
http://www.kanken.or.jp/project/edification/years_kanji/history.html
・難しく感じる人には、その年の語句の文字で、最もインパクトのある1字を選ばせるとわかりやすいでしょう。

●参考文献・先行実践
北村明裕編著『こども熱中！中学社会「活用・探究力」書き込み習得ワーク47』（明治図書、2012年）
●アレンジ　世界の国々 × 漢字1字　歴史上の人物 × 漢字1字

戦後で最も熱かった一年

クラス（　　　）　番号（　　　）　氏名（　　　　　　　　　　　　　）

1. 以上の8年にふさわしい漢字を下から1つずつ選んで①〜⑧に入れましょう。

今年の漢字	西暦	主なできごと
①	2016	日本銀行によるマイナス金利などの金融政策 リオデジャネイロ五輪での日本人選手の金メダルラッシュ 東京都知事の政治資金私的流用
②	2015	安倍内閣による安全保障関連法の成立 イスラム国による日本人拘束事件やパリ同時多発テロ事件による不安視
③	2014	17年ぶりの消費税増税とそれに伴い生活環境が大きく変化
④	2013	2020年夏季五輪の東京招致成功
⑤	2012	932年ぶりに全国的に観測された金環日食や21世紀最後の金星の太陽面通過といった天文現象 消費税や生活保護などの問題の多発
⑥	2011	東北地方太平洋沖地震（東日本大震災）、台風などによる大雨被害（新潟・福島豪雨、台風12号等）
⑦	2010	観測史上1位の猛暑や非常に厳しかった残暑により熱中症にかかる人が多発 1万度の突入温度に耐え、衛星「はやぶさ」帰還
⑧	2009	自由民主党と公明党に替わる民主党を中心とした鳩山由紀夫新政権発足 アメリカのバラク・オバマ新大統領就任 新型インフルエンザの流行

安	絆	金	金	暑	新	税	変	偽	輪

2.「今年の漢字」は1995年に始まったものです。では、みなさんが戦後史（1945年〜）の中で、一番この年が重要だ、と感じる年を選び、「その年の1字」を決めましょう！！

漢字		「漢字1字」に関連あるできごと
	年	
この年を選んだ理由・この漢字にした理由		

36 歴史用語 × かるた
歴史かるたをつくろう

歴史をモチーフにした「いろはかるた」を作成させる活動です。与えられた頭文字をたよりに、制限のある中で歴史知識を用いて効果的な表現を考える力を養います。学習の時代の終了時ごとに、その時代を題材に作成させ遊ぶと盛り上がるでしょう。

準備するもの 教師：ワークシート　生徒：教科書、資料集、筆記用具、色鉛筆

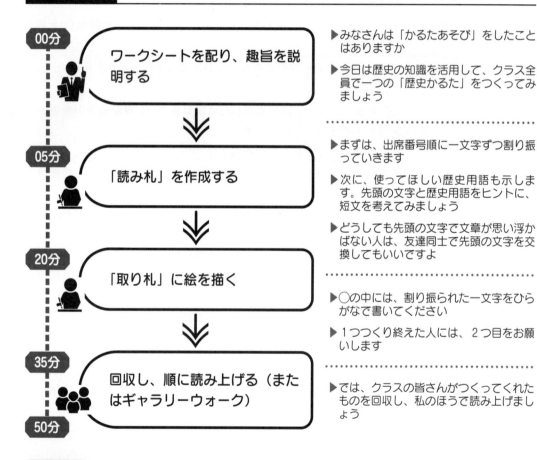

ポイント

・読み上げた後は、ギャラリーウォーク（6頁参照）で共有しましょう。
・クラスの読み札と取り札を回収し、実際に遊んでみることも可能です。
・歴史用語は時代の範囲を決めて割り振るのがよいと思いますが、生徒が範囲にとらわれずに好きな歴史用語・人物を選んでカルタを作成させるという方法も考えられます。

●**参考文献・先行実践**
　ラクイチ国語研究会編『中学国語ラクイチ授業プラン』（学事出版、2017年）
●**アレンジ** 政治 × かるた　都道府県 × かるた

歴史かるたをつくろう

クラス（　　　）　番号（　　　）　氏名（　　　　　　　　　　）

〈取り札…絵を描く〉　　　　≪読み札…文章と説明を書く≫

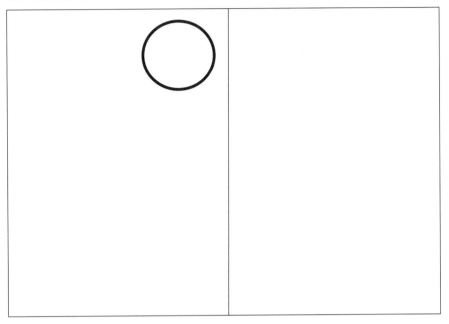

【書くポイント】
- 絵は読み札が想定できる簡単な絵にしましょう。
- 読み札の言葉は五七調など、読むテンポも考えて作成するといいでしょう。
- 見本のように、説明文、西暦、時代なども記しましょう。

メモ
- 自分が割り振られた文字　　　　　　　　【　　　　　　】
- 自分が割り振られた歴史用語・人物　　　【　　　　　　】
- 歴史用語（人物）の一般的な説明

37 歴史ビンゴ

歴史用語 × ○○ビンゴ

　連想される歴史用語がいくつも考えられるようなキーワードを「お題」として教師が挙げ、「○○ビンゴ」の形で記入し、マスを埋めていく活動です。周囲が記入する用語を推測する活動を通じて、歴史知識の確認と重要度を意識することにつながります。

準備するもの　教師：ワークシート、ストップウォッチ（時計）　生徒：教科書、資料集

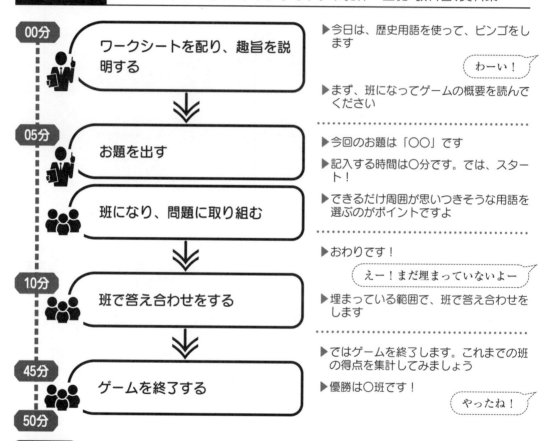

ポイント

・「お題」の例：「強い人」「武士」「海外と交流があった人」「暗殺された人物」「法律に関係するものごと」「かっこいい」「悲惨」など。
・慣れてきたら回数を増やし、時間内に挙げられなかった回答に－1点とすることもできます。
・人数が多くて集計が大変なときは、誰か特定の一人の回答を正解とし、合っている分だけを得点とするルールもできます。

● 参考文献・先行実践
　すごろくや著　丸田康司監修・構成『大人が楽しい　紙ペンゲーム30選』（スモール出版、2012年）
● アレンジ　都道府県×○○ビンゴ　祭り×○○ビンゴ

歴史ビンゴ

　　　　　　　クラス（　　）　番号（　　）　氏名（　　　　　　　）

ゲームの概要

　抽象的なワードを先生がひとつ挙げます。そのお題に対して、各自が思い浮かぶ歴史用語を制限時間内にマスに書き出します。答え合わせをして同じ答えを書いた人がいれば、その人数×点が班の得点になるという班対抗ビンゴゲームです。

お題【　　　　　　　　　　　　】

・制限時間内にお題から連想される歴史用語をマスに書きます。

・先生が「おわり」と言ったら全員筆記用具を置きます。

答え合わせの方法

①順番を決めて、時計回りで一人１つずつ、書いた言葉を発表する。
②発表されたのと同じ言葉を書いた人は手を挙げる。その人数×点が班の得点になる。
※ただし、同じ回答がいなかった場合、０点
※ビンゴが出たら１列につき＋３点（一人何列できてもよい）

・班の点数を右のマスにメモしよう→
・さらに、ビンゴの数×３点＝ □ 点
・<u>合計得点</u>（マス合計＋ビンゴ点）＝　　　　点

38 歴史上の人物 × ブロック分割パズル
ブロック分割「中学最重要人物」

　教科書の索引に掲載されている歴史人物の漢字を用いたパズルです。楽しみながら網羅的に歴史用語を確認させることができます。歴史の学習の総まとめとして活用することもできます。

| 準備するもの | 教師：ワークシート、ストップウォッチ（時計）　生徒：教科書、資料集 |

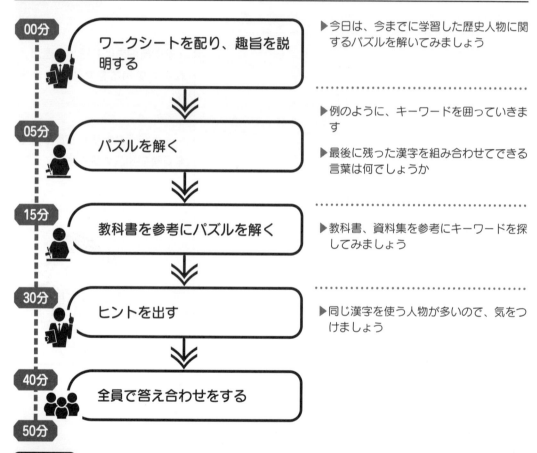

00分　ワークシートを配り、趣旨を説明する
▶今日は、今までに学習した歴史人物に関するパズルを解いてみましょう

05分　パズルを解く
▶例のように、キーワードを囲っていきます
▶最後に残った漢字を組み合わせてできる言葉は何でしょうか

15分　教科書を参考にパズルを解く
▶教科書、資料集を参考にキーワードを探してみましょう

30分　ヒントを出す
▶同じ漢字を使う人物が多いので、気をつけましょう

40分　全員で答え合わせをする

50分

ポイント
・答え合わせの際に、その人物が掲載されている頁や時代など付属の情報をノートに書かせていくと、学習効果が高まります。
・ダウンロード版（127頁参照）を加工して、人物やキーワードを別の単語に変えることもできます。また、自分で分割パズルを作成する手順と枠のみのひな型もありますので、ぜひ活用してください。

●参考文献・先行実践
　藤井英之・宮崎正康・嶋田卓幸編著『新中学歴史基礎基本用語300：学習定着テスト＆発展教材集』（明治図書、2004年）
●アレンジ　日本国憲法 × ブロック分割パズル　市の名前 × ブロック分割パズル

ブロック分割「中学最重要人物」［解答］

子	大	中	家	光	時	泰	条	北	長	織
皇	兄	徳	川	徳	八	郎	西	郷	信	田
宗	吉	川	頼	大	塩	平	足	隆	盛	政
将	平	毅	勝	呼	弥	明	智	隈	重	信
門	犬	養	田	武	卑	足	光	大	退	助
視	麻	田	坂	本	坂	利	秀	板	垣	鑑
具	呂	村	上	龍	氏	尊	井	木	戸	真
倉	利	平	伊	馬	天	後	伊	弼	孝	衡
岩	盛	清	藤	博	皇	醍	直	義	允	清
後	鳥	皇	桓	文	北	醐	松	平	藤	原
原	羽	天	武	毛	条	政	子	定	信	子
敬	上	皇	東	沢	茂	田	吉	蘇	我	馬

登場する人物

- 中大兄皇子 ・蘇我馬子 ・鑑真 ・桓武天皇 ・坂上田村麻呂 ・平将門
- 藤原清衡 ・平清盛 ・後鳥羽上皇 ・北条泰時 ・北条政子
- 後醍醐天皇 ・足利尊氏 ・織田信長 ・武田勝頼 ・明智光秀
- 徳川家光 ・徳川吉宗 ・松平定信 ・大塩平八郎 ・井伊直弼
- 岩倉具視 ・坂本龍馬 ・西郷隆盛 ・木戸孝允 ・伊藤博文
- 板垣退助 ・大隈重信 ・原敬 ・犬養毅 ・吉田茂
- 毛沢東 ・卑弥呼

（答え：足利義政）

ブロック分割「中学最重要人物」

クラス（　　）　番号（　　　）　氏名（　　　　　　　　）

中学で学習する歴史重要人物をブロックに区切っていくパズルです。
最後に、どのブロックにも入らなかった漢字を組み合わせると、ある人物名になります。

（例）

松	平	容
幕	保	会
五	藩	津
稜	郭	府

松	平	容
幕	保	会
五	藩	津
稜	郭	府

（答え：幕府）

問題

子	大	中	家	光	時	泰	条	北	長	織
皇	兄	徳	川	徳	八	郎	西	郷	信	田
宗	吉	川	頼	大	塩	平	足	隆	盛	政
将	平	毅	勝	呼	弥	明	智	隈	重	信
門	犬	養	田	武	卑	足	光	大	退	助
視	麻	田	坂	本	坂	利	秀	板	垣	鑑
具	呂	村	上	龍	氏	尊	井	木	戸	真
倉	利	平	伊	馬	天	後	伊	弼	孝	衡
岩	盛	清	藤	博	皇	醍	直	義	允	清
後	鳥	皇	桓	文	北	醐	松	平	藤	原
原	羽	天	武	毛	条	政	子	定	信	子
敬	上	皇	東	沢	茂	田	吉	蘇	我	馬

ヒント

1. 邪馬台国の女王。30余りの国々を従え、鬼道（まじない）により国を治めたとされる。
2. 飛鳥時代の政治家。推古天皇などに仕える。
3. 中臣鎌足とともに蘇我入鹿を滅ぼし、のちに天智天皇となる。
4. 戒律を求める日本の要請に応じて日本に渡ることを決意し、6度目の遣唐使船で来日。
5. 長岡京、平安京に遷都。
6. 征夷大将軍に任じられ、東北地方の蝦夷を征討。アテルイをとらえる。
7. 関東で乱を起こし、新皇を名乗るが、朝廷軍によって滅ぼされる。
8. 平泉に中尊寺金色堂を建立し、京都の浄土教文化を奥州にも広める。
9. 兵庫の大輪田泊を修築し日宋貿易をすすめる。
10. 源実朝の死後、1221年、承久の乱を起こすが敗北し上皇を退いた。
11. 源頼朝の妻、承久の乱の際に、鎌倉御家人に演説をしたと吾妻鏡にて伝えられる。
12. 鎌倉幕府執権。御成敗式目をつくる。
13. 鎌倉幕府を滅ぼし、建武の新政を行う。
14. 建武の新政に参加するが、のち天皇と対立し、室町幕府を築く。
15. 天下布武をスローガンに、楽市楽座などの政策を進めるが、本能寺で死亡。
16. 甲斐国の戦国大名、長篠の戦いで敗北し、1582年に滅亡する。
17. 本能寺の変を起こすが、山崎の戦いで羽柴秀吉に敗北。
18. 「生まれながらの将軍」といわれ参勤交代を制度化し、祖父の徳川家康を尊敬した。
19. 享保の改革を進め、上米の制、目安箱の設置などを進めた。
20. 寛政の改革を進め、人足寄場の設置、厳しい倹約などを行った。
21. 幕府の役人であるにもかかわらず、大坂で「救民」を旗に反乱したが1日で鎮圧。
22. 安政の大獄で、一橋派を弾圧するが、3月3日桜田門外の変で死亡。
23. 遣外使節団としてヨーロッパに渡る。公家出身として政府の中枢にいた。
24. 土佐藩出身。大政奉還の建白を行った。
25. 薩摩藩出身。士族反乱の西南戦争で死亡した。
26. 長州藩出身。幕末の時期には桂小五郎といわれ、薩長連合の立役者の一人となった。
27. 長州藩出身。日本初の内閣総理大臣となる。
28. 土佐藩出身。戊辰戦争の後、自由民権運動では中心的な役割を果たし自由党を率いた。
29. 肥前藩出身。立憲改進党を結成し、イギリス流の議会を目指す。のちの早稲田大学を創設。
30. 平民宰相といわれ、首相となる。立憲政友会を率いるが東京駅で暗殺される。
31. 政党政治家。首相となるが、5.15事件で青年将校らに襲われ死亡。
32. 太平洋戦争後戦後、首相となり、サンフランシスコ講和会議に出席し、平和条約締結。
33. 中国共産党の代表として、国民党の蒋介石との対立に勝利し、中華人民共和国建国。

39 歴史用語 × 多数決ゲーム
歴史用語デモクラシー

　いくつかの「歴史的な人物や事件などに関する設問」に対し、班の中で「もっとも票があつまる」回答を予想させ、票を投じて得点を競うゲームです。重要だと考えられるもの、周囲が好きそうなものを思考させることを通じて、歴史用語に対する意識を深められます。

準備するもの　教師：ワークシート、ストップウォッチ（時計でも）　生徒：なし（場合により教科書、資料集）

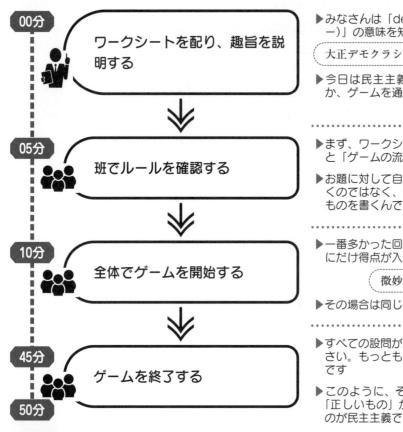

ポイント
- 考えるのが難しそうであれば、教科書や資料集を見ながら回答を探してよいとする方法もあります。
- 他には「歴史書といえば」「和歌といえば」「平安時代といえば」「鎌倉時代といえば」「顔が怖い人物といえば」「お坊さん（僧侶）といえば」というような設問がありえます。
- 一歩話を進めて「多数決の問題点」と重さについて考え、導入とすることも可能です。

●参考文献・先行実践
　すごろくや著　丸田康司監修・構成『大人が楽しい　紙ペンゲーム30選』（スモール出版、2012年）
●アレンジ　都道府県 × 多数決ゲーム　　世界の国々 × 多数決ゲーム

歴史用語デモクラシー

クラス（　　　）　番号（　　　）　氏名（　　　　　　　　　）

ゲームの概要

「歴史的な人物や事件などに関する質問」に対し、「もっとも票があつまる」回答を予想し、その得点を競うゲームです。

ゲームの流れ

①班になって順番を決める。

②１番の人が「お題」を発表する。

　（「お題」は、回答の候補がいくつかあり、回答が分かれそうなものにしましょう）

> （お題の例）「一番武士っぽいと感じる人物は？」「日本の歴史を変えた戦いといえば？」
> 　　　　　「漢字が難しい人物といえば？」「歴史の改革者といえる人物は？」
> 　　　　　「百人一首で名作を書いた人物は？」「どの "歴史的" 都市に住みたい？」

②「お題」が発表されたら、全員（出題者も含め）が、「もっとも多くなるだろう」と予想する回答を紙に書く。

③時間がきたら集計する。それぞれ回答を言い合い、同じ回答があれば挙手する。

　一番多かった回答と同じものを書いた人は＋１点。

④１周したら点数を集計し、もっとも合計得点が高い人が勝利。

お題					
多いと予想 できる回答					
一番多かっ た回答					
得点					

合計

　　　　点

40 旧国名 × 乗り鉄
新幹線で旧国名を「乗り鉄」しよう

　4つの新幹線のルートをたどりながら、旧国名に触れさせます。教科書・地図帳の旧国名地図を参考にワークシートを完成させることで、現在も旧国名が使われていることに気づかせ、旧国名への理解を深めることが目的です。

準備するもの　教師：ワークシート　生徒：教科書、地図帳

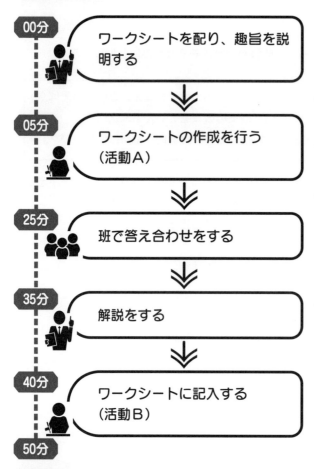

ポイント
・旧国名の名前の由来を知っていれば、適宜言及すると盛り上がると思います。
・最後の「旧国名が利用されている例」では、駅名などを挙げてもよいでしょう。ダウンロード版（127頁参照）では、旧国名が利用されているものを事例として挙げています。
・また、ダウンロード版では、2つの新幹線ルート以外の路線も例として挙げています。「旧国名・都道府県名対応表」とあわせて活用できます。

●**参考文献・先行実践**
　実践例の作成にあたり、川島拓氏（開智中学・高等学校　社会科）の教示を得た。
●**アレンジ**　特産物×乗り鉄　祭り×乗り鉄

新幹線で旧国名を「乗り鉄」しよう

クラス（　　　）　番号（　　　）　氏名（　　　　　　　　　）

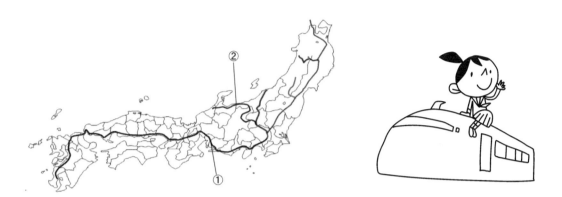

活動A　以下の各新幹線（2017年1月現在）が経由する駅の旧国名を、東京を起点として順番にすべて書いてみましょう。

①東海道・山陽・九州新幹線ルート

<u>武蔵</u>（東京・品川・新横浜）→¹＿＿＿＿＿＿（小田原）→²＿＿＿＿＿＿（熱海・三島）→³＿＿＿＿＿＿（新富士・静岡）→⁴＿＿＿＿＿＿（掛川・浜松）→⁵＿＿＿＿＿＿（豊橋・〇〇安城）→⁶＿＿＿＿＿＿（名古屋）→⁷＿＿＿＿＿＿（岐阜羽島）→⁸＿＿＿＿＿＿（米原）→⁹＿＿＿＿＿＿（京都）→¹⁰＿＿＿＿＿＿（新大阪・新神戸）→¹¹＿＿＿＿＿＿（西明石・姫路・相生）→¹²＿＿＿＿＿＿（岡山）→¹³＿＿＿＿＿＿（新倉敷）→¹⁴＿＿＿＿＿＿（福山・新尾道・三原）→¹⁵＿＿＿＿＿＿（東広島・広島）→¹⁶＿＿＿＿＿＿（新岩国・徳山・新山口）→¹⁷＿＿＿＿＿＿（厚狭・新下関）→¹⁸＿＿＿＿＿＿（小倉）→¹⁹＿＿＿＿＿＿（博多）→²⁰＿＿＿＿＿＿（新鳥栖）→²¹＿＿＿＿＿＿（久留米・〇〇船小屋・新大牟田）→²²＿＿＿＿＿＿（新玉名・熊本・新八代・新水俣）→²³＿＿＿＿＿＿（出水・川内・鹿児島中央）

②北陸新幹線ルート

²⁴＿＿＿＿＿＿（東京・上野・大宮・熊谷・本庄早稲田）→²⁵＿＿＿＿＿＿（高崎・安中榛名）→²⁶＿＿＿＿＿＿（軽井沢・佐久平・上田・長野・飯山）→²⁷＿＿＿＿＿＿（上越妙高・糸魚川）→²⁸＿＿＿＿＿＿（黒部宇奈月温泉・富山・新高岡）→²⁹＿＿＿＿＿＿（金沢）

活動B　現在よく知られるものの中で、「旧国名」が使われているものを何個出せるでしょう。

例：讃岐うどん

新幹線で旧国名を「乗り鉄」しよう ［解答］

クラス（　　）　番号（　　）　氏名（　　　　　　　　）

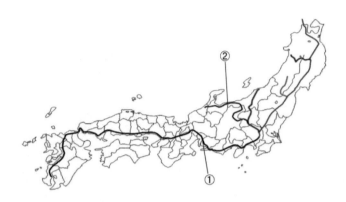

活動A　以下の各新幹線（2017年1月現在）が経由する駅の旧国名を、東京を起点として順番にすべて書いてみましょう。

①東海道・山陽・九州新幹線ルート

<u>武蔵</u>（東京・品川・新横浜）→¹　<u>相模</u>（小田原）→²　<u>伊豆</u>（熱海・三島）→³<u>駿河</u>（新富士・静岡）→⁴　<u>遠江</u>（掛川・浜松）→⁵　<u>三河</u>（豊橋・〇〇安城）→⁶　<u>尾張</u>（名古屋）→⁷<u>美濃</u>（岐阜羽島）→⁸　<u>近江</u>（米原）→⁹　<u>山城</u>（京都）→¹⁰　<u>摂津</u>（新大阪・新神戸）→¹¹<u>播磨</u>（西明石・姫路・相生）→¹²　<u>備前</u>（岡山）→¹³　<u>備中</u>（新倉敷）→¹⁴　<u>備後</u>（福山・新尾道・三原）→¹⁵　<u>安芸</u>（東広島・広島）→¹⁶<u>周防</u>（新岩国・徳山・新山口）→¹⁷　<u>長門</u>（厚狭・新下関）→¹⁸　<u>豊前</u>（小倉）→¹⁹　<u>筑前</u>（博多）→²⁰<u>肥前</u>（新鳥栖）→²¹<u>筑後</u>（久留米・〇〇船小屋・新大牟田）→²²<u>肥後</u>（新玉名・熊本・新八代・新水俣）→²³<u>薩摩</u>（出水・川内・鹿児島中央）

②北陸新幹線ルート

²⁴<u>武蔵</u>（東京・上野・大宮・熊谷・本庄早稲田）→²⁵<u>上野</u>（高崎・安中榛名）→²⁶<u>信濃</u>（軽井沢・佐久平・上田・長野・飯山）→²⁷<u>越後</u>（上越妙高・糸魚川）→²⁸<u>越中</u>（黒部宇奈月温泉・富山・新高岡）→²⁹　<u>加賀</u>（金沢）

活動B　現在よく知られるものの中で、「旧国名」が使われているものを何個出せるでしょう。

例：讃岐うどん

3章 公民

41 外食産業 × 謎解き
儲かる外食チェーンの謎を解こう

　誰もが知っている外食チェーン店の特徴を考えさせ、儲かる企業に共通する秘訣を考察させます。どの企業も、ほかと違うものをできるだけ安く提供するための工夫をしていることに気づき、企業間の自由競争について身近な例をもとに理解させることが目標です。

公民

104

準備するもの　教師：ワークシート

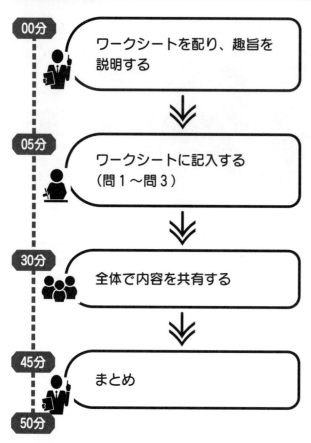

- 00分　ワークシートを配り、趣旨を説明する
  - ▶みなさんは外食をしますか？
    - ○○に行きます！
    - ○○がおいしいです！
  - ▶外食チェーンはなぜ人気があるのか、みんなで考えてみましょう

- 05分　ワークシートに記入する（問1～問3）
  - ▶それぞれのお店がどのような工夫をしているのか、知っていることをたくさん書き込みましょう。周りと相談して書いてもいいですよ

- 30分　全体で内容を共有する
  - ▶みなさんが書いた内容を確認してみましょう。○○さんはどう書きましたか？
    - ハンバーガー屋のポテトはいつも熱々でおいしいです！
  - ▶その理由は何だと思いますか？
    - わかりません…
  - ▶だれかわかる人はいますか？

- 45分　まとめ
- 50分
  - ▶どの企業も、ほかの企業と違うものをできるだけ安く提供するための工夫をしているということがわかりましたね。これからお店に行ったときに、そんな見方ができると面白いかもしれませんよ

▶ポイント

- ワークシートの記入時にインターネットで検索させると、知っている外食チェーンの具体的なメニューを見ながら取り組むことができます。
- 活発に議論するのが難しいクラスの場合、先にワークシートを回収して、教師がその場で見ながら論点を出していくと、生徒も発言しやすくなります。
- 『週刊ダイヤモンド』『プレジデント』『週刊東洋経済』をはじめとする経済誌を普段からチェックしておくと、ネタが収集できます。

●アレンジ　政治改革 × 謎解き　　特産物 × 謎解き

儲かる外食チェーンの謎を解こう

クラス（　　　）　番号（　　　）　氏名（　　　　　　　　　　）

1．あなたがよく利用する（したことのある）外食チェーン店を挙げ、①その店の良い点や
　人におすすめしたい点②なぜそのようなサービスが可能なのかを考えてみましょう。

	お店の名前	良い点・おすすめしたい点	なぜそのようなサービスが可能か
例1	ウシゼリア	「ナポリ風ドリア」が安い（299円）	店内で調理せず、1か所で大量生産しているから
例2	マイフレンチ	高級な食材を使ってシェフがつくっているのに安い	テーブルで立ち食いだから客が長居せず回転率が良いから

2．よく売れるメニューに共通している点は何でしょう。

3．「自分ならこんなお店でこんなメニューを出す」を考えてみましょう。

お店の名前 （店名の理由）	一番のおすすめメニュー （値段は？）	安く提供する方法
店名 理由	おすすめメニュー 価格	

42 原価 × 物語
ドリンクバーは何杯飲んだら元が取れる？

ファミレス等で身近になったドリンクバーの仕組みを理解することを通じて、客にメリットがあると感じられればビジネスとして成り立つことに気づけるようにします。

準備するもの 教師：ワークシート

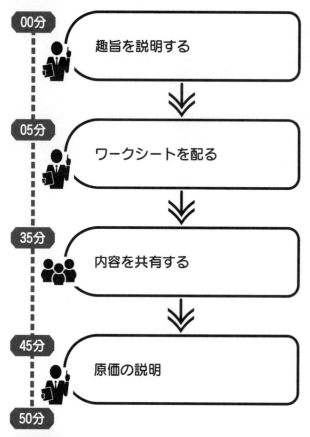

時間	活動	発問・指示
00分	趣旨を説明する	▶みなさんはドリンクバーをよく使いますか？ 〔使う！ そのほうが絶対オトクだから！〕 ▶ドリンクバーは一見、お客さんが得するようになっていますが、お店は赤字が出てしまうのでしょうか。今日はドリンクバーがなぜビジネスとして成り立つのかを考えてみましょう
05分	ワークシートを配る	▶ドリンクバーについて、お客さんの立場、お店の立場、両方からストーリーを考えてみましょう ▶周りと話したり相談して書いてもいいです
35分	内容を共有する	▶みなさんが書いた内容を確認してみましょう。〇〇さんはどんな物語を書きましたか？
45分	原価の説明	▶お客さんの立場、お店の立場、どちらにとってもオトクで儲かる仕組みだというのがわかりましたね
50分		

ポイント

・お店の立場を考えるのが難しければ、人件費に注目することや、ドリンクが濃縮液と水を混ぜて出てくるのに注目することはヒントに出してもよいと思います。
・「ドリンクバー」「元を取る」でインターネット検索すると、客が元を取るのが難しいことがわかるサイトがたくさん出てきます。ただし、今回の授業の目的は、それでも客にメリットがあると感じられればビジネスとして成り立つのに気づかせることです。

●参考文献・先行実践
　日刊SPA！　ファミレスのドリンクバー、何杯飲むと元が取れる？ http://nikkan-spa.jp/710227（2017年11月5日現在）＊このHPが含まれる「[外食店の原価] 教えます」のシリーズは授業づくりに役立ちます。
●アレンジ　特産物 × 物語　歴史上のできごと × 物語

ドリンクバーは何杯飲んだら元が取れる？

クラス（　　）　番号（　　）　氏名（　　　　　　　）

1. あなたはファミリーレストランでドリンクバーを使うことがありますか？（理由も）
　　　ある　　　　ない　　（理由：　　　　　　　　　　　　　　　　　　　　）

2. ある客がドリンクバーを注文する前からお店を出るまでの行動と気持ちを、物語風に書いてみましょう。

　　入店（気持ち：　　　　　　　　　　　　　　　　　　　　　　　　　　　　）
　　↓
　　料理・ドリンクバーの注文（気持ち：　　　　　　　　　　　　　　　　　　）
　　↓
　　食事（気持ち：　　　　　　　　　　　　　　　　　　　　　　　　　　　　）
　　↓
　　お店を出る（気持ち：　　　　　　　　　　　　　　　　　　　　　　　　　）

3. ファミリーレストランの店長がドリンクバーを設置したときの気持ちと、客が注文をしたときの気持ちを、物語風に書きましょう。

　　お店の新規開店（気持ち：　　　　　　　　　　　　　　　　　　　　　　　）
　　↓
　　ドリンクバーを設置（気持ち：　　　　　　　　　　　　　　　　　　　　　）
　　↓
　　客がドリンクバーを注文したとき（気持ち：　　　　　　　　　　　　　　　）

4. ドリンクバーで店が儲かる仕組みは何でしょうか？　具体的に書いてください。

43 身近な地域 × 広報誌づくり
街の広報誌

　自分の住む街の広報誌の1面の見出しをつくる活動をさせることで、地元のことを知ったり強みは何かを考えたりさせます。自分たちが街をどうつくるか、主権者意識を持たせるきっかけにするのが目的です。

準備するもの　教師：ワークシート、大きめの付箋、広報誌（あるとよい）

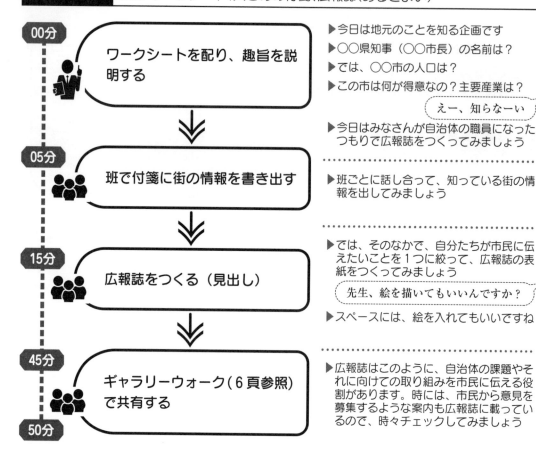

ポイント
・以下のことを中心にまとめさせましょう。
　①身近なところに情報があることを知る。②家族や近所の方から情報を得ていることも知る。③その情報をどう発信するかを考える。
・生徒のレベルによっては、人口問題（過疎／過密にこの街がどう対応する？）や教育政策（こんな学校をつくりたい！）、ゴミ問題（3R）を考えさせることもできます。

●アレンジ　世界の国々×広報誌づくり　各時代×広報誌づくり

街の広報誌

クラス(　　) 番号(　　) 氏名(　　　　　)

(タイトル)
広報

見出し①

見出し②

(何でも情報室)

【編集後記】

街の広報誌 [作品例]

(タイトル)
広報　KAWASAKI 川崎

見出し① 給食をつなぐ

平成29年度末の中学校完全給食実施に向け、本校も来日一日からうるおい給食がスタート。先行実施されている味噌中学校にインタビューに行き、その様子を教えてもらった。90%以上の生徒が「おいしい」と回答している。私たち今野校中生は「新しく始まるうるおい給食に期待」と答えている。今後給食が始まるにあたって、とても楽しみである。給食当番で笑顔でお皿を渡したり、お皿にクラス全員がそろえた給食をみんなで楽しみに待つこと。

見出し② 秋・収穫祭り

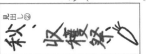

川崎市といえば、修学旅行や東京観光の中心として同年代にある東京都に熱狂する人がいるというイメージがあるが、実は農業も盛んな土地なんです。9月22日と23日に、各農家はルールストに分かれ、近郊農家、果実農家、肥料農家を見渡してきた地元食を提供し、「秋の収穫祭」。場所は明治大学農学部があり、農業区には大きな農地がある。農場体験や収穫体験や農産の販売もある。スイーツ中心があり、収穫体験も行う。農場体験収穫体験があり、体験収穫もあり、展示物なども眺めている。

(何でも情報室) 秋の花といえば…のように、多くの「ススキ」を飾ったコスモスや花や、シロガネハギや、ジューシャスバード、リンドウなどが植えられ、いろいろな花が楽しめる。日本の秋は日々深まりゆく秋にはいってくる。

【編集後記】 父は九州、母は本県で、大東にいる頃から自分を見つめてきた。だからすごく我慢できた。父と母は川崎の方々にも生まれ育った自分の地元愛が強く今回、広報誌を作るにあたって地元のことを様々な視点から調べ、情報を提供して伝えたい。もっともっと深い部分で伝わり、多くの地元のみなさんに届いたらと考えている。

政治 × はがき新聞

44 国会をはがき新聞に

　公民で学習した一定範囲をはがき大の用紙に新聞形式でまとめ、「はがき新聞」を作成させます。新聞形式でまとめることで、その分野に関する知識を整理し、工夫してまとめ、表現させることが目的です。

| 準備するもの | 教師：ワークシート　生徒：色ペン、色鉛筆 |

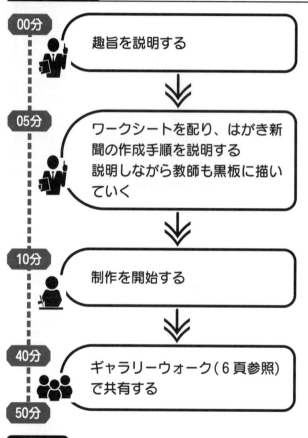

00分　趣旨を説明する
▶本日は、はがきくらいの大きさの紙で、新聞をつくります。テーマはこの間学習した単元「国会」です
（その他の例：「日本の政治」「選挙」「市場のしくみ」など）

05分　ワークシートを配り、はがき新聞の作成手順を説明する　説明しながら教師も黒板に描いていく
▶①「記事の見出しを書く」
　記事は3つ程にまとめます。どんな見出しだと読み手を引きつけるか、見出しの言葉を考えて書きましょう

▶②「記事を書く」
　見出しに沿って文章またはイラストを書きましょう

10分　制作を開始する
▶③「題字を書く」
　最後に、題字を考えて書きましょう

40分　ギャラリーウォーク（6頁参照）で共有する

50分

■ポイント

・内容を説明する際、作品例を示すと生徒は理解しやすくなります。作品例は、理想教育財団の「はがき新聞をつくろう！」のサイトに多数掲載されています。（http://www.riso-ef.or.jp/hagaki_top.html）
・ワークシートを用いた場合は、手順の①と②は省略できます。
・作成途中で、各自が考えた見出しを見せ合ったり、発表したりする活動を入れると効果的です。

●参考文献・先行実践
　理想教育財団「はがき新聞」http://www.riso-ef.or.jp/hagaki_top.html
　理想教育財団『はがき新聞をつかった授業づくり』（無料謹呈あり）
●アレンジ　歴史事象 × はがき新聞　都道府県 × はがき新聞

国会をはがき新聞に

クラス（　　）　番号（　　）　氏名（　　　　　　）

国会をはがき新聞に　[作品例]

徹底分析!!

国会　いつから

ニ院制
衆議院　475人（解散あり）
参議院　242人
仕組み　任期6年

◆国会のおもな仕事
国会は「国権の最高機関」だ!!

- 第59条　法律案の議決
- 第60条　予算の議決
- 第61条　条約の承認
- 第62条　国政調査権
- 第64条　弾劾裁判所の設置

こんな場所？
国会は国民と政治をつなぐため、国民の代表として当選した国会議員が活動する場で実現する場が実現した場

行ってみたい人は…
国会議事堂見学
こっかいぎじどうまえ
地下鉄…
東京都千代田区永田町一丁目

二面　三面
国会の種類・法律

その他、国の予算を定めることも国会の役割です。

衆議院
参議院
衆議院と参議院の両院で審議を調査

衆議院の優越

45 エコ問題 × マニフェストづくり
私ならこうする！選挙マニフェストづくり

　自分の通っている学校内でゴミ分別問題を例に、どのように解決するかという案を出し合い、模擬投票を行います。政策を元に投票することを模擬的に体験させると同時に、主権者教育にも寄与します。

準備するもの　教師：ワークシート

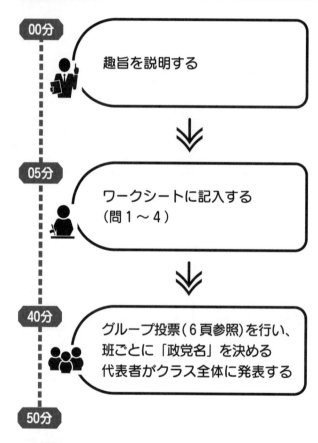

- 00分　趣旨を説明する
  - ▶（教室や廊下のゴミ箱を見ながら）みなさんは、ゴミの分別をしていますか？
  - 「面倒なのでしていませ～ん」
  - ▶今日は「自分ならこうしてこの問題を解決する」ということを考えて、選挙に立候補してもらいます

- 05分　ワークシートに記入する（問1～4）
  - ▶問1～3に記入しながら、この問題のどこに原因があるか考えてみましょう
  - ▶問4には「自分ならこうして解決する」という方法を考えて書きます。マニフェストをつくるつもりで記入しましょう

- 40分　グループ投票（6頁参照）を行い、班ごとに「政党名」を決める代表者がクラス全体に発表する
  - ▶それでは、班の中でお互いに発表して、一番よいものを選びましょう（問5）
  - ▶マスコミの「出口調査」に協力するつもりで、選んだ理由も書いてみましょう
  - ▶班ごとに、投票で使う「政党名」を考えてマニフェストとともに発表しましょう（問6）

- 50分

ポイント
- 政策はできるだけ具体的に考えさせてみましょう。何が人気を得る秘訣であるかを考えさせながら作業できるとよいと思います。
- 全員で一つのテーマに取り組んだあとで、各自自由テーマでつくらせてみるとより探究的な活動になります。

●参考文献・先行実践
「選挙出前授業・模擬選挙　出前授業説明用スライドショー」（東京都選挙管理委員会事務局）には、小・中・高校生それぞれを対象とした模擬選挙のモデルがあり、授業でそのまま使ったり、アレンジして使ったりできます。http://www.senkyo.metro.tokyo.jp/vote/mogi/mogi-trivia/（2017年7月23日取得）
●アレンジ　身近な地域 × マニフェストづくり　政治改革 × マニフェストづくり

私ならこうする！ 選挙マニフェストづくり

クラス（　　　） 番号（　　　） 氏名（　　　　　　　　　）

ピックアップするテーマ（課題）

> （例）学校におけるエコ問題

１．上に書いたテーマについて、「問題である」と感じた理由やきっかけは何ですか。

２．このまま放っておくと、どのような問題やトラブルが起こると考えられますか。

３．この原因として、どんなものが考えられますか。

４．自分なりに「問題解決のためのマニフェスト」を書いてみましょう。

（１〜３で記入したことを参考にして、自分がまわりに訴えたい内容をまとめよう）

> ＜私ならこうする！＞
> ・
> ・
> ・

５．他の班員の発表を聞いて、一番よいものを選びましょう。理由も書いてください。

（だれのマニュフェストがよいか）

（その理由）

６．最後に、自分の班の代表の政策をクラスで発表するために、政党名を決めましょう。

（〇〇党という形が普通ですが、必ずしもそれにこだわらなくてもいいです）

46 祭り × プレゼンテーション
うちの「祭り」は、こんなに面白い！

「地元の祭り」という身近な題材を発信する活動を行います。このことを通じて地方創生や地方自治のあり方を考えさせたり、文化の多様性への尊重はどのようにすれば可能であるかを考えたりできるようにします。

準備するもの　教師：ワークシート　生徒：地元の歴史をまとめた書籍（あれば）、地理の教科書、資料集

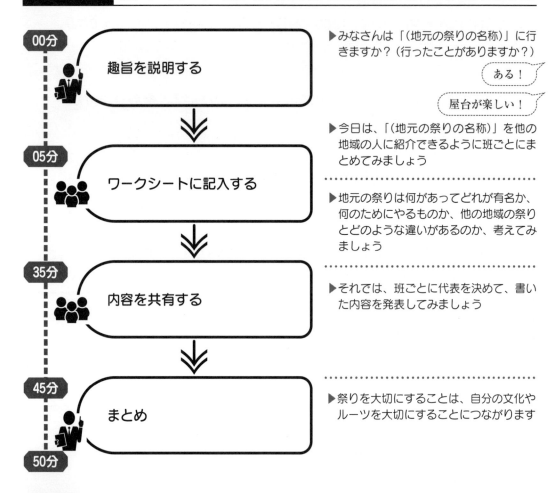

ポイント
・多くの公立小学校で学んだことがある事項なので、比較の観点を大切にします。
・地理の教科書や資料集などがあれば、世界の祭りとの比較ができます。

●**参考文献・先行実践**
「祭にっぽん-日本全国祭り案内」http://maturi.info/ のサイトには、全国の祭りがまとまっており便利です。
●**アレンジ**　身近な地域 × プレゼンテーション　歴史上の人物 × プレゼンテーション

うちの「祭り」は、こんなに面白い！

クラス（　　　）　番号（　　　）　氏名（　　　　　　　　）

1.あなたの知っている「祭り」をたくさん挙げてください。

【例】浅草の三社祭、京都の祇園祭、リオのカーニバル

2.あなたの住む地域の祭りで、一番好きなものは何ですか。

3.班で他の地域の祭りと自分の住む地域の祭りを一つずつ選び、比べてみましょう。

（わからない場合は資料集などを使ってもよいです。下の２つは項目を考えてみよう）

	他の地域の祭り（　　　　　　　　）	自分の住む地域の祭り（　　　　　　　　）
祭りの名物は？		
祭りの規模（範囲）は？		
人はどれくらい集まる？		
子どもの参加形態は？		
起こりうるトラブルは？		

4.地元の「祭り」の魅力をプレゼンしましょう！

＜うちの祭りはこんなに面白い！＞

選挙 × シミュレーション

47 衆議院選挙シミュレーション

衆議院の選挙のルールについて、クラスを小規模な比例代表ブロックと考えて実演させます。各生徒が立候補者の立場になって得票数を競います。くじ引きにより得票数は決定します。当選と落選を決めるなかで、主体的に選挙のルールを理解させます。

準備するもの 教師：ワークシート（班数分）、くじ（「小選挙区くじ」と「比例代表くじ」）、くじを入れる箱（袋）

00分 ワークシートを配り、趣旨を説明する

▶今日はみんなに立候補者の立場になって得票数を競ってもらいます

各班でワークシートに記入する

> えーっ！演説とかできないよ

▶演説も投票もないのでご安心を。くじで数が多い人が当選です

> なーんだ。それなら簡単

10分 「小選挙区くじ」の準備をする
ワークシートを回収する

15分 ワークシートに基づき、黒板に政党名と候補者を書く

▶「小選挙区くじ」をひいて、出た数を黒板の自分の名前の下に書いてください

順に前に出て「小選挙区くじ」を引き、くじに書かれた数字を板書する

▶というわけで1区は○○党の××さんが最も得票が多かったため当選です。

20分 くじ引きによる得票数で、小選挙区の説明と当選者を発表する

> 「（班員）ばんざーい！ばんざーい！」

▶「2区は□□党の▽▽さんが…（略）」

30分 比例代表制の説明をし、「比例代表くじ」を準備する

▶各班代表は、「比例代表くじ」をひいてください。

班の代表が順に前に出て「比例代表くじ」を引く

▶（ドント式の計算後）、○○党の◇◇さんが復活当選です。

当選者を発表する

> やったね！

50分

ポイント

・ワークシートを書かせるときは、一選挙区につき一人まで、などのルールを繰り返し呼びかけましょう。
・主権者教育の導入などにも活用可能です。
・比例順位が同順のワークシートをつくって惜敗率を出す、最低得票数に満たない候補者は落選するなど、さらに実際の制度に近づけることもできます。

●アレンジ 歴史上のできごと × シミュレーション 時差と気温 × シミュレーション

衆議院選挙シミュレーション

クラス（　　）　番号（　　）　氏名（　　　　　　　）

1. 班で話し合って、その班独自の政党名を決めましょう。
（○○党、○○の会、○○団などとつけると政党らしくなります）

政党名：_____

2. 各立候補者がどの区から立候補するか決めましょう。（小選挙区制で使います）

立候補者名と立候補する選挙区（1～8区）

氏名 _____（　　区）
氏名 _____（　　区）
氏名 _____（　　区）
氏名 _____（　　区）
氏名 _____（　　区）
氏名 _____（　　区）
氏名 _____（　　区）
氏名 _____（　　区）

3. 党（班）の中で特に当選させたい候補者に順位をつけましょう。（比例代表制で使います）

党内順位（1～8位）

1位 _____
2位 _____
3位 _____
4位 _____
5位 _____
6位 _____
7位 _____
8位 _____

衆議院選挙シミュレーション［小選挙区くじ／比例代表くじ］

0	1000	2000	3000	5000	7000
11000	13000	17000	19000	23000	29000
31000	37000	41000	43000	47000	53000
59000	61000	67000	71000	73000	79000
83000	89000	97000	101000	103000	107000
109000	113000	127000	131000	137000	139000
149000	151000	157000	163000	167000	173000
比例 12 万	比例 24 万	比例 48 万	比例 60 万	比例 72 万	比例 84 万

★これをコピーし、切り取ってくじをつくります。白が「小選挙区くじ」グレーが「比例代表くじ」です。

衆議院選挙シミュレーション ［板書例］

途中経過の一例　名前の左の数字は党内の比例名簿の順位（〇が小選挙区の当選者で、□が比例の当選者）

小選挙区	めがね団	ぶどう党	自分ファーストの会	かりん党	い党	甘党
1区	2　佐藤　〇163000	6　中村　7000	3　高橋　2000	③田中　3000	②後藤　131000	6　渡辺　67000
2区	4　前田　23000	3　清水　0	7長谷川　13000	2　井上　〇101000	①伊藤　97000	①石井　83000
3区	3佐々木　〇157000	2　鈴木　1000	2　山崎　43000	6　中島　5000		3　林　17000
4区		1　遠藤　〇103000			3　池田　79000	
5区	7　阿部　73000	4　岡田　107000	4　小林　137000	7　森　37000	4　吉田　61000	2　近藤　〇139000
6区	5　山本　59000	5　山口　41000	6　松本　29000	1　加藤　〇113000		4　山田　53000
7区	6　村上　31000	7　石川　89000	①青木　71000	5　坂本　〇151000	6　小川　109000	
8区	1　斎藤　〇149000		5　山下　47000	4　藤田　19000	5　木村　127000	5　橋本　11000

比例（定数5）

め	ぶ	自	か	い	甘
12	24	48	72	84	60
12	24	48	72	84	60
6	12	24	36	42	30
4	8	16	24	28	20
3	6	12	18	21	15
×	×	①	①	②	①

※実際の衆議院の選挙では、小選挙区の有効投票数の10分の1を獲得しないと比例復活できない規定がありますが、今回は簡略化しています。

　（本当は、かりん党の田中さんは比例復活できず、党内で他に復活できる人がいないので、比例の計算で次点（30）の党にいる山田さんが比例復活です。）

48 多数決 × ディベート
多数決は本当に正しいの？

物事を多数決で決めることは多いものです。しかし、そこには様々な価値判断が入り込んでおり、一概に多数決が最善であるとは限らないことを学びます。一見すると多数の人が正しいと思うことでも、最善の判断が変わることがあることに気づくのが狙いです。

準備するもの 教師：ワークシート　生徒：筆記用具

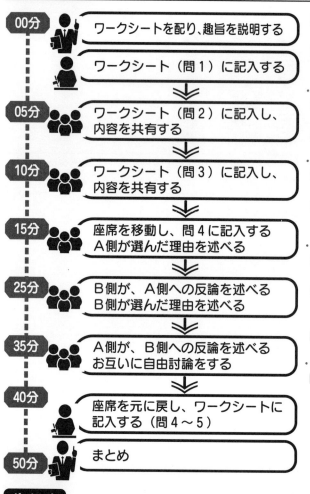

時間	活動	声かけ
00分	ワークシートを配り、趣旨を説明する	▶みなさんは物事を決めるときに多数決をよく使いますか？
	ワークシート（問1）に記入する	▶今日の授業では、多数決で決めることが常に正しいかどうか、みんなで考えてみましょう
05分	ワークシート（問2）に記入し、内容を共有する	▶問2に記入して、周りの人と内容を確認してみましょう
		▶どうやらAを選んだ人が多かったようですね
10分	ワークシート（問3）に記入し、内容を共有する	▶問3に記入して、周りの人と内容を確認してみましょう
		▶問2では多くの人がAを選んだのに対して、問3ではBを選んだ人もいるようですね
15分	座席を移動し、問4に記入する　A側が選んだ理由を述べる	▶Aを選んだ人とBを選んだ人が向き合うように座席を動かしてください
25分	B側が、A側への反論を述べる　B側が選んだ理由を述べる	▶問4に記入できたら「討論ゲーム」を始めます。A側の人から、Aを選んだ理由を述べてください
35分	A側が、B側への反論を述べる　お互いに自由討論をする	▶次にB側の人はA側への反論とBを選んだ理由を述べてください
40分	座席を元に戻し、ワークシートに記入する（問4～5）	▶ここからは互いに意見のある人が述べていきましょう
50分	まとめ	

ポイント

・「NHK ハーバード白熱教室」のDVDの第1回を見ながら取り組ませると、より臨場感が出ます。その際には該当箇所で一時停止するとよいでしょう。（なお、多数決のずれについては臓器移植の例のあとに話題として出てきます）

●参考文献・先行実践
マイケル サンデル著、鬼澤 忍訳『これからの「正義」の話をしよう』（ハヤカワ・ノンフィクション文庫、2011年）

●アレンジ　エコ問題 × ディベート　歴史事象 × ディベート

多数決は本当に正しいの？

クラス（　　　）　番号（　　　）　氏名（　　　　　　　　　）

1.多数決で物事を決めることは良いことだと思いますか？（〇をつける）

【　A　良いことだと思う　　　　　B　良いことだとは思わない　】

2.あなたはブレーキが利かなくなってしまった路面電車の運転手だとします。このままだと前方にいる５人の工事作業員にぶつかってしまいます。ハンドルを切れば待避線に入れますが、そちらには１人の工事作業員がいます。あなたはハンドルを切りますか？

【　A　ハンドルを切る　　　　　B　ハンドルは切らない　】

理由（箇条書きで書く）

3．あなたはブレーキが利かなくなってしまった路面電車を、線路の上にかかる橋の上から見ているとします。このままだと前方にいる５人の工事作業員にぶつかってしまいます。隣にいる人を橋から突き落とせば、路面電車は止まるとしたら、あなたは隣の人を突き落としますか？

【　A　突き落とす　　　　　B　突き落とさない　】

理由（箇条書きで書く）

4．3の質問で逆の選択をした人はどんな意見を言うでしょうか。それに対して、どう反論しますか。

予想される相手の意見	それに対する反論

5.討論ゲームを終えて、自分の考えに変化はありましたか？

6.多数決で物事を決める場合の問題は何だと思いますか？

49 中央省庁 × ペアリング
○○省のお仕事は？

政府の様々な仕事が、1府12省庁のうちどの省庁に割り当てられているかを答えさせます。政府の仕事が多岐にわたることを理解させた上で、各省庁が我々の身近なことにかかわっていることや、名前とは一見つながりのなさそうな仕事にも取り組んでいることに気づかせます。

準備するもの 教師：ワークシート

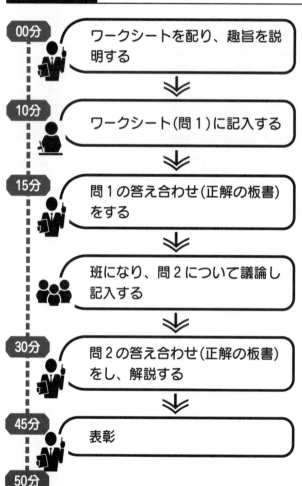

▶今日は中央省庁の仕事に関するクイズです12省庁とは…（ワークシートの囲みを列挙する）

▶では、各自で問1に取り組んでください

解答
①国家公安委員会
②環境省
③防衛省
④文部科学省
⑤法務省
⑥総務省
⑦外務省
⑧経済産業省
⑨国土交通省
⑩農林水産省
⑪財務省
⑫厚生労働省

解答	解説
⑬文部科学省 ⑭厚生労働省	元々は、教育目的の幼稚園と、保護者の代理を行う目的の保育所（保育園）。また、最近登場した認定こども園は、両省が連携している。
⑮経済産業省 ⑯文部科学省	特許は特許庁で経済産業省、著作権は文化庁で文部科学省。
⑰総務省 ⑱総務省	どちらも地方自治に関係するので総務省。ちなみに、郵政民営化後も日本郵政グループを監督している。
⑲国土交通省 ⑳国土交通省	観光庁も気象庁も国土交通省。どちらも交通にかかわるため。

ポイント
・最初の取り組みが低調な場合には、ヒントを出してみましょう。
・正解の追求よりも、考えるプロセスに意味があります。いろいろな答えを引き出しましょう。

●アレンジ　世界の国々 × ペアリング　政治改革 × ペアリング

○○省のお仕事は？

クラス（　　　）　番号（　　　）　氏名（　　　　　　　　　）

日本の内閣の下には、1府12省庁があります。（復興庁を合わせると13省庁）

1府は内閣府ですが、12省庁は以下の通りです。
総務省・法務省・外務省・財務省・文部科学省・厚生労働省・農林水産省
経済産業省・国土交通省・環境省・防衛省・国家公安委員会

1．《基本編》以下の①～⑫は、すべて12省庁がかかわるお仕事の説明です。どの番号がどの省庁か、名前から判断して答えましょう。（同じ答えは1度しか使えません）

①警察に関する業務など　　　　　　②公害防止、自然保護など
③自衛隊の管理や運営など　　　　　④教育やスポーツの振興など
⑤刑の執行、人権の擁護など　　　　⑥地方自治、電気通信、放送など
⑦外交政策の実施、条約の締結など　⑧商工業の振興、エネルギー供給など
⑨土地の開発、道路や港湾の整備など　⑩農業や漁業の振興、食糧の確保など
⑪税金の管理、外国との両替の安定など　⑫社会的弱者への福祉、職業の確保など

①	②	③
④	⑤	⑥
⑦	⑧	⑨
⑩	⑪	⑫

2．《応用編》以下の⑬～⑳も、すべて12省庁のお仕事の説明です。どの番号がどの省庁か、考えて答えましょう。（同じ答えを2度以上使うこともあります）

⑬幼稚園に関する事務　　　　　　⑭保育所（保育園）に関する事務
⑮発明による特許の審査　　　　　⑯本の著作権の管理
⑰郵便事業の指導　　　　　　　　⑱消防官（消防士）の監督
⑲観光情報の国内外への発信　　　⑳天気予報

⑬	⑭	⑮
⑯	⑰	⑱
⑲	⑳	

50 日本国憲法 × ○×クイズ
憲法に登場しない言葉はどれ？

　日本国憲法に登場しなさそうで登場する言葉、逆に本当に登場しない言葉を見分ける活動です。まず個人で考えさせたのち、グループで話し合わせ、さらに答え合わせをすることで、意外な言葉が憲法に登場していることに気づかせると同時に、憲法の様々な内容に触れさせます。

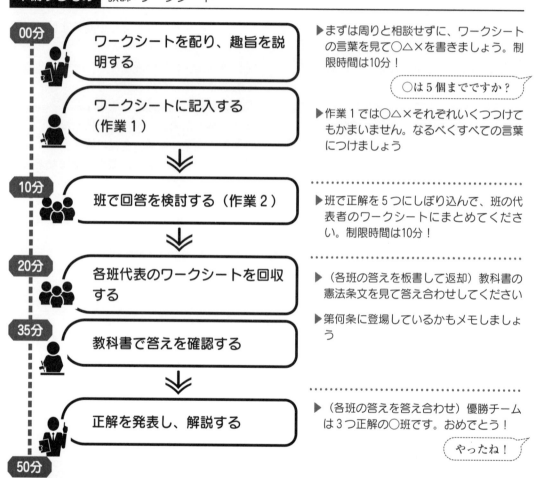

ポイント
・5つの言葉がなぜ登場しないかを説明することで、憲法制定時の時代背景を理解させます。
・誤答に対しても、その言葉が載っている条文の意味を解説することで、理解を深められます。

●アレンジ　各時代 × ○×クイズ　市の名前 × ○×クイズ

憲法に登場しない言葉はどれ？

クラス（　　　）　番号（　　　）　氏名（　　　　　　　　　　）

以下の50個の言葉のうち、45個は日本国憲法に登場する言葉で、5個は登場しない言葉です。どの言葉が登場しない言葉でしょうか？（50音順に並べてあります）

永久	国民	宗教	戦争	表現
解散	故障	主権	戦力	平等
環境	残虐	出席	逮捕	夫婦
儀式	自衛	象徴	地球	福祉
貴族	死刑	条約	通信	普通
教育	思想	正義	道徳	武士
健康	児童	生存	努力	武力
権利	指名	生命	奴隷	平和
公共	自由	責任	任命	名誉
幸福	集会	選挙	秘密	理想

作業1：上の言葉の右にある余白に、日本国憲法に登場すると思う言葉には○を、登場しないと思う言葉には×を、微妙な言葉には△をつけましょう。

作業2：班で話し合って、登場しないと思う言葉を5つにしぼり込みましょう。

憲法に登場しない言葉はどれ？ [解答・解説]

（　）内の数字は条文の番号。前文の後ろの漢数字は段落番号。

永久…（9、11、97）戦争の放棄と基本的人権の尊重は、永久のものとされる。	正義…（9）日本国民は、正義と秩序を基調とする国際平和を誠実に希求し…。
解散…（7、45、54 など）いずれも衆議院の解散。	生存…（前文二）平和的生存権の根拠。
環境…なし。憲法制定時、環境や公害問題への意識はまだ弱かったが、後に環境権が「新しい人権」として提起される。	生命…（13、31）最も基本的ともいえる人権。
儀式…（7、20）国事行為と信教の自由で登場。	責任…（3、12、15 など）内閣が国事行為に負う責任、国民が基本的人権を公共の福祉のために利用する責任など、様々な場面で登場。
貴族…（14）平等権の項目で、貴族の制度を認めないとした。戦前は貴族院があった。	選挙…（前文一、7、15 など）選挙権関連や国会関連。
教育…（20、26、44 など）教育を受ける権利など。	戦争…（前文一、9）戦争を放棄している。
健康…（25）「健康で文化的な最低限度の生活」。	戦力…（9）陸海空軍その他の戦力は、これを保持しない。
権利…（前文二、11、12 など）計 21 回登場する。憲法は人権のカタログ。	逮捕…（33、50）令状主義と国会議員の不逮捕特権。
公共…（12、13、17 など）公共の福祉と地方公共団体。	**地球…なし。憲法制定時、人類は宇宙に飛び出していないため、「宇宙」「地球」への意識はない。「世界」は一度だけ登場する（前文二）。**
幸福…（13）幸福追求権。	通信…（21）通信の秘密の不可侵。
国民…（前文一、1、7 など）前文だけで 11 回。計 40 回登場する。	道徳…（前文三）政治道徳は普遍的なものとされる。
故障…（78）裁判官は心身の故障か公の弾劾がなければ罷免されない。	努力…（12、97）いずれも基本的人権関連。
残虐…（36）残虐な刑罰は禁止。	奴隷…（18）奴隷的拘束の禁止。
自衛…なし。自衛隊は憲法制定時にはなかったので、言及ももちろんない。国連憲章には載っている自衛権にも直接の言及はない。	任命…（6、68、71 など）内閣の大臣と裁判官。
死刑…なし。憲法には残虐の刑罰を禁止する規定はあるが死刑への言及はない。刑罰のルールは憲法でなく刑法に載っている。	秘密…（15、21、57）投票の秘密の不可侵、通信の秘密の不可侵、国会の秘密会。
思想…（19）思想及び良心の自由。	表現…（21）表現の自由。
児童…（27）児童の酷使の禁止。	平等…（14、24）法の下の平等と両性の本質的平等。
指名…（6、67、80）内閣総理大臣と最高裁判所長官。	夫婦…（24）婚姻は、夫婦が同等の権利を有する。
自由…（前文一、12、13 など）おもに自由権関連。	福祉…（12、13、22 など）公共の福祉と社会福祉。
集会…（21、54）集会の自由と参議院の緊急集会。	普通…（15、26）普通選挙の保障と普通教育を受けさせる義務。
宗教…（20、89）信教の自由関連。	**武士…なし。明治時代に武士は士族とされたため日本国憲法にも登場しない。なお、「士族」も登場しないが、「華族」は登場する（14）。**
主権…（前文一、三、1）国民主権など。	武力…（9）武力による威嚇と武力の行使を放棄。
出席…（34、55、56）おもに国会での「出席議員の過半数で～」のような条文。	平和…（前文二、9）平和主義を宣言。
象徴…（1）天皇の地位。	名誉…（前文二、四）われらは…国際社会において、名誉ある地位を占めたいと思ふ、など。
条約…（7、61、73 など）条約締結関連。	理想…（前文二、四）日本国民は…この崇高な理想と目的を達成することを誓ふ、など。

ラクイチシリーズ情報コーナー
ラクイチシリーズに参加しませんか？

ダウンロード

ラクイチシリーズでは、本に掲載されているワークシートや便利な資料（128頁参照）をダウンロードしてお使いいただけます。Wordデータですので、アレンジが可能です。

※一部ダウンロードできないものもあります。

「中学社会ラクイチ授業プラン」ダウンロードURL
http://www.gakuji.co.jp/rakuichi_shakai

情報募集

以下のような情報をお寄せください。お待ちしています！
- 本書の感想
- 本書の実践レポート
- 実践によってできた生徒作品　※生徒名は匿名でお願いします
- ソフトとハードの組み合わせを変えた、新しいラクイチ授業プランのアイデア
- 他の先生に紹介したいオリジナルのラクイチ授業プラン

「ラクイチ授業コミュニティ」メールアドレス
rakuichi@gakuji.co.jp

情報発信

ラクイチシリーズのfacebookページがあります。関連情報やトピックスを発信しています。

Facebookページ
http://www.facebook.com/rakuichi/

「ラクイチ授業コミュニティ」

● 「中学社会ラクイチ授業プラン」執筆者（◎は執筆代表）

◎伏木　陽介　開智中学・高等学校

　森下　浩行　成城学園中学校高等学校

　中原啓太郎　中央大学附属横浜中学校・高等学校

　池田　優剛　開智日本橋学園中学校・高等学校

　佐伯　　暖　開成中学校・高等学校

　舘野　直子　学習院女子中・高等科、横浜富士見丘学園中等教育学校

● 「ラクイチ社会」ダウンロード版（127頁参照）に含まれるコンテンツ一覧

1　本書に掲載されているすべてのワークシートの Word 版

ラクイチ授業タイトル	タイトル No.
すべて	1-50

2　紙面に掲載しきれなかったワークシート

ラクイチ授業タイトル	タイトル No.
新幹線で旧国名を「乗り鉄」しよう＜完全版＞	40

3　自作することでさらにアクティブラーニングになる「白紙のひな形」

ラクイチ授業タイトル	タイトル No.
世界の国名パズル	1
都道府県庁所在地宝探しパズル	11
ブロック分割「中学最重要人物」	38

4　あると便利な「おまけ資料」

資料タイトル	活用できそうなラクイチ授業　No.
教科書に出てくる国名リスト	1,6,7,17
外国主要都市名カード	2,5,7,17
日本都道府県カード	12,17
旧国名・都道府県名対応表	40
日本の市の名前とよみかた一覧	10

＊「おまけ資料」は本書以外の授業でも活用できます。

ラクに楽しく 1 時間　中学社会ラクイチ授業プラン

2018年 1 月14日　初版発行

編　著──ラクイチ授業研究会
発行者──安部英行
発行所──学事出版株式会社

　　　　〒101-0021　東京都千代田区外神田2-2-3
　　　　電話　03-3255-5471　　http://www.gakuji.co.jp

編集担当　戸田幸子　　　編集協力　工藤陽子
イラスト　イクタケマコト　装　丁　精文堂印刷制作室／内炭篤詞
印刷製本　精文堂印刷株式会社

©rakuichi jyugyokenkyukai, 2018 Printed in Japan　　　　落丁・乱丁本はお取替えします。
ISBN978-4-7619-2381-5　C3037

素材（ソフト）カード

使い方：①カードを切り取ります。
　　　　②すべて裏返し、〈ソフト〉と〈ハード〉のカードを同時に一枚ずつめくります。
　　　　③出たものを組み合わせて、オリジナルの授業を発想してみましょう。

統　計	日本地図	身近な地域	世界の国々
県庁所在地	地方のスポット	地図帳	都道府県
地方のスポーツチーム	地形・地図	地　名	時差と気温

点線にそって、きれいに切り取ってください。

素材（ソフト）カード

✂ 点線にそって、きれいに切り取ってください。

各国の人口	世界地図	特産物
歴史上のできごと	日本の島	市の名前
歴史事象	旧国名	各時代
年号	歴史用語	歴史上の人物

素材(ソフト)カード

- 外食産業
- エコ問題
- 選挙
- 中央省庁
- 政治改革
- 政治
- 原価
- 多数決
- 家紋
- 身近な地域
- 祭り
- 日本国憲法

点線にそって、きれいに切り取ってください。

学習活動（ハード）カード

使い方：①カードを切り取ります。
②すべて裏返し、〈ソフト〉と〈ハード〉のカードを同時に一枚ずつめくります。
③出たものを組み合わせて、オリジナルの授業を発想してみましょう。

ワードサーチパズル	すごろく	早引きゲーム	テレビ中継
宝探しパズル	デザイン	山手線ゲーム	Yes, No クイズ
マッピング	ランキング	ぬり絵	マップづくり

点線にそって、きれいに切り取ってください。

学習活動（ハード）カード

献立づくり	位置あて クイズ	４コマ漫画	乗り鉄
旅行企画	脱落ゲーム	ダジャレ	漢字１字
キャッチ コピー	記憶再現	名前あて ２めゲーム	入試問題

点線にそって、きれいに切り取ってください。

学習活動（ハード）カード

点線にそって、きれいに切り取ってください。

ＰＯＰ	替え歌	イメージ画
3ヒントクイズ	すごろく	かるた
語呂合わせ	自己紹介クイズ	ブロック分割パズル
○○ビンゴ	推理ゲーム	ロゴあてクイズ

学習活動（ハード）カード

点線にそって、きれいに切り取ってください。

謎解き	プロフィール帳	多数決ゲーム	
マニフェストづくり	はがき新聞	広報誌づくり	
シミュレーション	物語	プレゼンテーション	
ペアリング	ディベート	○×クイズ